A Cielo Abierto

www.stickingplacebooks.com

© Guillermo Arriaga 2025
© Sticking Place Books 2025

ISBN 978-1-942782-92-6

A Cielo
Abierto

Guillermo Arriaga

Sticking Place Books
New York

Mucha gente me pregunta cuál es mi fuente de inspiración. Imaginan que proviene de la literatura o el cine, pero en mi caso, ha sido la vida. He sido afortunado, si percances serios pueden considerarse una suerte, de vivir experiencias extremas que me han llevado a cuestionar la delgada línea entre vida y muerte, violencia y amor, brutalidad y ternura.

Una de las más significativas fue un accidente de carretera que sufrí a los veintisiete años. Yo iba dormido cuando quien manejaba perdió el control y nos desplomamos a un profundo barranco. Desperté cuando el techo de la vagoneta crujió al estallar contra unas piedras. Ese sonido metálico jamás lo olvidaré. Mientras rodábamos, pude atisbar, en breves chispazos, la profusa vegetación, las rocas contra las que la lámina se destrozaba. Después de varias vueltas, paramos. Solo quedó el sonido del vapor escapando del radiador. Fuera de eso, silencio.

Tres niños iban en la parte trasera. Los saqué como pude. Del motor emergían llamas y temíamos que explotara. Fui el único herido. Nariz destrozada, fracturas en la cara. Fui operado y a las semanas, me recuperé.

Esa vivencia no quise desperdiciarla. Nueve años después escribí *A Cielo Abierto*, mi primera película donde relato un accidente que cobra la vida de un padre y las repercusiones en sus hijos, que fantasean con el odio y la venganza. Por diversas razones, no se filmó.

Fue venturoso que mis hijos hallaran el manuscrito original y tres décadas después decidieran codirigirlo. El trabajo de Mariana y Santiago resaltó el sentido hondo de la historia: dos hermanos en busca del padre en sus espacios vitales: la carretera, el desierto, las fondas, la luz, los moteles.

La obra como un acto circular con ramificaciones inesperadas, la vida devolviendo vida.

Guillermo Arriaga
Mexico City
diciembre 2024

A Cielo Abierto es una historia profundamente arraigada en nuestra familia. Con su reciente estreno, muchos se han preguntado si nuestro padre escribió esta historia pensando en que nosotros la dirigiríamos algún día. La respuesta es no. Este guion fue escrito hace casi treinta años, antes incluso de la era de las computadoras. El manuscrito permaneció guardado en cajas, como esperando el momento adecuado para ser encontrado por nosotros y completar su ciclo. A finales de los años 80, Guillermo sufrió un accidente en carretera que marcó su vida y comenzó a reflejarse en su obra. En 1994, cuando éramos niños, escribió esta historia impulsado por el miedo de no poder estar ahí para vernos crecer. Ese accidente lo llevó a cuestionarse la velocidad con la que la vida puede cambiar y la paternidad lo enfrentó a temores desconocidos.

Desde pequeños, tanto nuestra madre como nuestro padre insistieron en que antes de conocer el mundo, debíamos conocer México. Nacimos en un país diverso en naturaleza, cultura, gente y gastronomía; un país con múltiples realidades. En ese descubrimiento, la frontera norte, especialmente Coahuila, se convirtió en un territorio que exploramos constantemente. Recorrimos sus carreteras, fondas, moteles y ejidos, vinculándonos con su gente y comprendiendo su paisaje.

En esos viajes, nuestro padre nos narraba la historia de *A Cielo Abierto*. Éramos muy pequeños para leerla, pero la conocíamos desde siempre. Hace más de ocho años encontramos el manuscrito original. Al leerlo, supimos que era lo primero que queríamos dirigir. Tras conversarlo, acordamos que esta historia necesitaba una visión más joven para cobrar vida, y aunque nuestro padre siempre quiso dirigirla, reconoció que ese que él era cuando la escribió, ya se había transformado con el paso del tiempo.

Desde entonces, los viajes a Coahuila adquirieron un nuevo significado. No podíamos recorrer esos lugares sin pensar en Salvador, Fernando y Paula, los personajes de la historia. Cada carretera, cada rincón, se convirtió en una posible locación. Así comenzamos a concebir la película.

En 2022, finalmente llevamos la historia a la pantalla. Filmar en el desierto fue un reto físico y emocional: las temperaturas extremas, las largas distancias y los imprevistos nos empujaron al límite, pero también nos conectaron aún más con los espacios que tanto significan para nosotros. A medida que avanzaba el rodaje, nos dimos cuenta de que esta historia no solo cerraba el ciclo de un padre preocupado por el futuro de sus hijos, sino que también nos permitió reconciliarnos con ese miedo y transformarlo en algo tangible.

Lo que están por leer representa más que un proyecto cinematográfico; es el resultado de un vínculo familiar que se ha fortalecido a través de la narrativa. Parte importantísima de este proyecto ha sido Maru, madre nuestra y esposa de Guillermo, quien ha sido testigo e inspiración desde sus primeras historias, así como también ha sido el sostén de esta tribu desde siempre.

Este guion nos unió no solo como cineastas, sino también como familia. *A Cielo Abierto* es nuestra forma de rendir homenaje a nuestro legado y de compartir con el mundo lo que nos une: la pasión por contar historias.

Santiago Arriaga and Mariana Arriaga
Directores de *A Cielo Abierto*

EXT. CARRETERA COAHUILA – DÍA

Se observa la extensa llanura, la aridez, las sombras de los árboles a las tres de la tarde.

Entra títulos en sobreimpresión: "Desierto de Coahuila 1993."

Una camioneta Ram Charger modelo 1992 avanza por la gran recta que corta el desierto coahuilense.

INT. AUTOMOVIL – DÍA

Fernando Villa, un hombre de cuarenta años de edad, maneja en silencio. Salvador, su hijo de doce, duerme en el asiento contiguo.

EXT. CARRETERA – DÍA

La Ram Charger cruza la carretera y se aleja solitaria.

EXT. CARRETERA GASOLINERÍA – DÍA

La vemos entrar a una gasolinería. Un dependiente se acerca y Fernando Villa desciende del vehículo.

     DEPENDIENTE
 ¿Cuánto?

     FERNANDO VILLA
 Lleno.

Mientras el dependiente llena el tanque el hombre se estira. Se asoma por una ventanilla y mira a su hijo dormido.

     FERNANDO VILLA
 ¿Falta mucho para Piedras Negras?

DEPENDIENTE
Unas dos horas.

El dependiente termina de llenar el tanque.

DEPENDIENTE
Son ochenta jefe.

El hombre saca su cartera y paga. Sube a la Ram Charger y arranca.

INT. AUTOMOVIL – DÍA

Avanzan por la carretera. Salvador despierta. Se desamodorra tallándose los ojos. El padre le acaricia la cabeza.

FERNANDO VILLA
¿Qué pues, flojo?

Salvador sonríe y menea su cabeza.

FERNANDO VILLA
¿Tienes hambre?

SALVADOR
Algo.

EXT. CARRETERA FONDA – CONTINUADO

Fernando orilla el auto a una fonda, hay un par de carros estacionados al lado.

INT. FONDA – DÍA

Salvador y su padre entran a la fonda y se sientan en una mesa. El lugar es bastante modesto.

En una de las paredes se encuentra la cabeza de un venado disecada torpemente.

Una mujer joven se les acerca.

> MUJER
> Buenas tardes.

> FERNANDO VILLA
> Buenas.

> MUJER
> Tenemos carne asada, chuletas de puerco, enchiladas, machacado, frijoles y huevos.

> FERNANDO VILLA
> A mi tráigame tres huevos estrellados y frijoles y huevos.

> SALVADOR
> Carne asada y enchiladas.

El padre sonríe y le pica las costillas.

> FERNANDO VILLA
> ¿Te las vas a acabar?

> SALVADOR
> Sí.

> FERNANDO VILLA
> Conste.

El niño se para al baño.

INT. BAÑO – DÍA

Entra y mira el lugar. Se encuentra muy sucio. Lo alumbra un foco pelón.

El niño orina y al terminar busca el modo de jalarle, sin lograrlo. Sale pisando con cuidado para no mancharse de orines y agua.

Llega a la mesa. Su padre le señala el plato.

>FERNANDO VILLA
>Ándale, que se enfría.

EXT. CARRETERA – TARDE

El automóvil abandona la fonda y avanza por la carretera.

INT. BLAZER – TARDE

>FERNANDO VILLA
>Pásame un refresco.

El niño se arrodilla sobre su asiento y busca el desorden que hay atrás… No lo halla.

>FERNANDO VILLA
>¿Qué pasó?

>SALVADOR
>No encuentro la hielera.

El hombre voltea y con su mano derecha señala.

>FERNANDO VILLA
>Busca debajo de las chamarras.

EXT. CARRETERA – TARDE

La Ram Charger avanza por una gran recta. Atardece.

INT. AUTOMOVIL – TARDE

El niño por fin encuentra la hielera. Comienza a jalarla con su mano cuando escucha que su padre grita.

                    FERNANDO VILLA
    ¡Puta madre!

El niño vuelve la vista hacia adelante. Se mira por el parabrisas a un trailer descontrolado que se enfila hacia ellos.

El hombre pisa el freno y se escucha un rechinón de llantas. El hombre alarga su brazo para detener al niño, quien observa aterrado.

EXT. CARRETERA – TARDE

El trailer oscila de un lugar a otro, se escuchan los rechinidos de los frenos de ambos.

Colisionan de frente, la Ram Charger queda destruida. Ruido de metal que se quiebra, de vidrios estallando.

FUNDIDO A NEGRO.

(Sobre negros se escucha el ruido de vapor que escapa del radiador, el niño grita, su padre jala aire.)

EXT. DESHUESADERO – DÍA

Titulo de sobreimpresión: México, D.F. 1995.

Fernando Jr, un muchacho de dieciocho años, recorre un deshuesadero de automóviles. Viste pantalón de mezclilla y una camiseta, sin embargo, su aspecto no es desaliñado. Su rostro, aunque agradable, muestra una tensión extraña.

Un muchacho de su misma edad, el "Charro", empleado del deshuesadero y vestido con ropas grasientas y percudidas, camina junto a él.

Fernando se detiene en algunos automóviles chocados y los analiza someramente. Encuentra un carro por completo destrozado.

Fernando se asoma por una ventanilla rota. Voltea hacia el "Charro"

>FERNANDO
>Aquí por lo menos fueron dos.

El "Charro," un poco desconcertado, alza los hombros.

>FERNANDO
>¿No me crees pinche Charro? Asómate
>y fijate. Hay manchas de sangre en el
>tablero y en los asientos.

El Charro no se asoma y menea la cabeza sin decir palabra.

>FERNANDO
>No me crees ¿verdad cabrón?

Fernando busca con la mirada a otro empleado del deshuesadero y lo descubre enderezando un tubo en un extremo del lugar.

Es un hombre flaco, bigotón, de treinta y cinco años. Le grita.

>FERNANDO
>Cooyoooote.

El Coyote alza la mirada y desde lejos le hace el gesto de ¿Qué pasó?

FERNANDO
¿Cuántos se murieron en este coche?

El Coyote se incorpora.

COYOTE
¿Cuál?

FERNANDO
Este, el golf azul.

COYOTE
¿El golf? Creo que fueron tres: un señor y dos señoras. Se voltearon en la autopista a Acapulco.

FERNANDO
(*dirigiéndose al Charro en tono retador.*)
¿Qué pues? No que no.

CHARRO
Me cae Fernando que no se qué ganas con esto.

FERNANDO
Es que tú no entiendes cabrón.

CHARRO
Entender qué? Que nomás vienes aquí de morboso?

FERNANDO
¿Cuándo traen más coches?

COYOTE
(*pensativo*)
El jueves o viernes…

FERNANDO
Vengo el viernes...

COYOTE
Órale, aquí te veo.

Fernando sale del deshuesadero.

EXT. CALLE – NOCHE

Fernando camina en silencio por una calle de una zona residencial. Se detiene frente a una casa grande, tipo colonial.

Saca unas llaves y abre la puerta.

INT. CASA – NOCHE

Fernando entra a la cocina. Una trabajadora doméstica se encuentra cocinando frente a la estufa.

FERNANDO
¿No me habló nadie, Mercedes?

La empleada se vuelve a verlo y en el momento en que va a contestar entra la madre de Fernando, que interrumpe.

MADRE
No, nadie, ya no te quieren.

La madre lo saluda con un beso. La trabajadora doméstica vuelve a sus labores.

Fernando abre el refrigerador. Entra a la cocina Claudio, un hombre de cincuenta años, alto y jovial. Viste sport.

CLAUDIO
Quiubole, Fer.

Fernando se vuelve a verlo y sin hacerle mucho caso le contesta arqueando las cejas. Vuelve de nuevo su mirada al refrigerador.

CLAUDIO
(*a la madre*)

¿Ya?

MADRE
Ya, ya estoy lista.

FERNANDO
¿A dónde van?

MADRE
Al cine.

Fernando cierra el refrigerador, tiene el envase de leche en la mano.

FERNANDO
¿Otra vez?

MADRE
Sí mi hijito, otra vez.

La madre se despide de Fernando con un beso en el cachete.

MADRE
Nos vemos, te portas bien.

CLAUDIO
Adiós Fer.

Fernando lo mira partir con cara de fastidio.

INT. CUARTO T.V. – NOCHE

El cuarto de televisión es grande y espacioso. Un televisor de pantalla gigante se encuentra a la mitad del cuarto. Un sofá de tres plazas frente a él y uno de dos plazas a un lado.

Paula (19), una muchacha delgada y risueña, mira la televisión junto con Eduardo, un muchacho de veintidos años, un poco formal, bien peinado y vestido.

Fernando entra y casi sin mirarlos les dice.

> FERNANDO
> En diez minutos empieza el fut.

Paula lo mira rápidamente y vuelve al televisor.

> PAULA
> Estamos viendo una película.

> FERNANDO
> Me vale, yo pedí la tele desde ayer.

> PAULA
> No seas gacho ¿por qué no lo ves en la
> otra televisión?

> FERNANDO
> Porque la otra televisión no tiene cable y
> no quiero ver el partido diferido.

Paula y su novio se quedan en silencio, sin hacerle caso, mirando la pantalla.

Fernando se molesta y se para frente al televisor. Paula hace una mueca de disgusto.

EDUARDO
(*molesto*)
Quítate ¿no?

FERNANDO
Yo pedí la tele.

PAULA
En buena onda Fer, déjanos ver.

FERNANDO
No me digas Fer.

EDUARDO
Ya, bájale.

FERNANDO
¿Tú qué?

Entra Salvador a la habitación. Tiene ahora catorce años. Percibe la tensión.

FERNANDO
Salvador ¿a quién le toca la televisión?

Salvador, ofuscado, se encoge de hombros.

FERNANDO
Tú oíste que le dije a mi mamá que quería ver el fut ¿o no?

PAULA
Solo danos chance de terminar de ver la película.

FERNANDO
Carajo ¿Entonces de que sirve que la aparte?

PAULA
No te azotes, Fer.

FERNANDO
¡Chingados! No me digas así.

Eduardo se pone de pie. Retador.

EDUARDO
¡Uuuuy, que miedo!

Paula jala del brazo a su novio y vuelve a sentarlo.

PAULA
Eduardo, tú siéntate.
(*continúa dirigiéndose a Fernando*)
Media hora más, Fernando. Por favor.

Fernando hace un gesto de disgusto y se retira enfurecido. Salvador lo sigue.

INT. CUARTO FERNANDO – NOCHE

Fernando camina de un lado a otro de la habitación, molesto.

FERNANDO
¡Chingada madre! Pinche vieja.

Salvador lo escucha, sin intervenir.

FERNANDO
¿De qué sirve apartar la televisión? Dime.
¿De qué?

SALVADOR
Ya hombre.

> FERNANDO
> No tienen ni dos semanas viviendo aquí y
> ya se sienten los dueños de la casa.

Salvador no dice nada. Fernando se sienta sobre la cama.

> FERNANDO
> En mala hora se fue a morir mi papá...

Se queda sobre la cama rumiando su furia, pensativo.

> FERNANDO
> Por lo menos préndele al radio a ver cómo
> va el juego.

Salvador estira su mano para encender el aparato.

A NEGROS.

EXT. DESHUESADERO – MAÑANA

Fernando llega al deshuesadero. Entra y camina hasta donde se encuentra el Coyote, quien trabaja martillando una salpicadera.

> FERNANDO
> Quiubo.

> COYOTE
> Quiubo

Fernando se coloca junta a él. Observa lo que el Coyote hace.

> FERNANDO
> ¿Qué haces, Coyote?

COYOTE
(*sin mirarlo, ocupado en su labor*)
Enderezando esta salpicadera, A ver si la puedo vender hechiza.

Se quedan unos instantes en silencio.

FERNANDO
¿Trajeron más coches?

El coyote alza la mirada y apunta con su dedo índice una esquina del deshuesadero.

COYOTE
Sí, trajeron seis más, están allá.

Fernando se dirige hacia el lugar indicado. El Coyote lo llama.

COYOTE
Psst, Fernando… ahora sí llegó un coche como el que has estado buscando.

El Coyote se levanta y camina hacia él.

COYOTE
Es un Jetta que se estrelló de frente contra un trailer, igualito a como me dijiste que se estrelló tu papá.

FERNANDO
¿Hubo muertos?

COYOTE
Nomás el que venía manejando…

EXT. DESHUESADERO – CONTINUADO

Fernando se dirige hasta donde están los automóviles. Busca hasta dar con el Jetta. Es un carro destrozado.

Fernando se asoma por la ventanilla. El parabrisas está roto y pequeños fragmentos de cristal se hallan en el piso y el asiento.

Grandes manchas de sangre reseca se observan en el tablero. El volante se encuentra aplastado contra la portezuela del conductor.

Parte del motor empuja los pedales del clutch y el freno. El asiento delantero contiguo se halla intacto.

Fernando le da la vuelta al auto, abre con dificultad la portezuela derecha y se sienta.

INT. AUTO CHOCADO – MAÑANA

Se le nota hondamente conmovido. Abre la guantera. Saca unos papeles, una pasta de dientes y un cepillo. En el piso se halla un zapato.

Fernando lo recoge, lo revisa y se queda meditabundo.

EXT. DESHUESADERO – MAÑANA

Fernando caminando hacia el Coyote. Se le ve triste.

> COYOTE
> Ora tú ¿por qué estas agüitado?

> FERNANDO
> No hombre, no tengo nada.

> COYOTE
> Que chingadazo ¿verdad?

Fernando asiente. Coyote deja un momento la plática para martillar la salpicadera.

                  COYOTE
¿Sabes que dicen los camioneros de los accidentes?

                FERNANDO
¿Qué?

                COYOTE
Que el trailer que te va a matar anda circulando por la carretera desde hace diez horas.

                FERNANDO
Pura madre Coyote, pura madre.

A NEGROS.

INT. CASA – TARDE

Vemos a Fernando entrar a la casa. Mercedes lo saluda.

                MERCEDES
Buenas.

Fernando en sus pensamientos, no le responde.

INT. COCINA – TARDE

Se dirige a la cocina y se encuentra con Salvador que come una gelatina en una silla del desayunador.

Lo toma del brazo, lo hace levantarse y lo recarga contra el fregadero.

FERNANDO
(*a bocajarro*)
¿Cómo se murió mi papá?

SALVADOR
¿Vas a empezar otra vez?

FERNANDO
¿Cómo se murió?

SALVADOR
Ya te dije que no me acuerdo.

FERNANDO
¿Cómo? Carajo.

SALVADOR
No me acuerdo.

FERNANDO
No te hagas pendejo ¿de quién fue la culpa?

SALVADOR
Ya te lo dije mil veces.

FERNANDO
Pues me lo tienes que decir mil más.

SALVADOR
Ya olvídalo…

FERNANDO
¿Tú lo vas a olvidar?

SALVADOR
(*sus ojos destellan, con furia*)
Nunca.

Fernando sonríe, con ironía, con dolor.

> FERNANDO
> Es lo que quería oír.

INT. CUARTO FERNANDO – MAÑANA

Fernando duerme en su cama. Se escuchan voces y ruidos. Fernando se despabila. Se levanta, abre la puerta.

INT. ESCALERAS CASA – MAÑANA

Se asoma por las escaleras. Observa a unos hombres cargando unos muebles. Baja volado y entra al estudio de su padre.

INT. ESTUDIO – MAÑANA
La madre se encuentra dando instrucciones a unos trabajadores vestidos con uniforme gris y cinturón de cuero ancho.

> FERNANDO
> ¿Qué estás haciendo?

> MADRE
> Vamos a acondicionar un cuarto para tu hermana.

> FERNANDO
> No es mi hermana

> MADRE
> Bueno, para Paula.

> FERNANDO
> Pero este es el estudio de mi papá.

MADRE
Ya lo sé, pero necesitamos un cuarto para ella.

FERNANDO
¿Por qué no la dejan donde está?

MADRE
No, es una recámara muy chica, no caben sus cosas.

La madre desatiende a Fernando y le pide a dos hombres que muevan un escritorio.

MADRE
Este escritorio colóquenlo allá por favor.

Fernando se para frente a ellos y lo impide.

MADRE
¿Qué haces?

FERNANDO
Aquí no va a dormir Paula, es el estudio de mi papá.

MADRE
Te doy tres para que te quites.

FERNANDO
Tenías prisa en casarte otra vez ¿no? Se nota cuánto extrañabas a mi papá.

MADRE
(lastimada, dolida)
Mucho más de lo que te imaginas.
(apunta hacia la puerta)
Ahora hazme el favor de largarte.

Fernando aún quiere retar a su madre, pero la ve lastimada. Los trabajadores los contemplan atónitos.

Fernando trata de decir algo, conciliador. La madre lo empuja con una mano cuando él se acerca.

MADRE
Vete.

INT. CUARTO T.V. – NOCHE

Eduardo, Paula y Salvador ven una telenovela en la pantalla. Es de noche. Eduardo abraza a Paula y le acaricia el cuello.

Salvador los mira de reojo. Eduardo trata de besar a Paula, quien lo esquiva.

EDUARDO
¿Estás enojada?

Paula, sin dejar de mirar el televisor, señala la pantalla.

PAULA
Espérate, va a llegar Carlos Joaquin.

EDUARDO
¿Y?

PAULA
Adentro de la casa está Rosalba y la va a cachar, no ves que le pone el cuerno con... chin, ya llegó.

Paula calla y atiende fijamente el televisor. Eduardo hace un mohín de disgusto y se pone de pie.

EDUARDO
Ya me voy.

PAULA
Te acompaño.

EDUARDO
No está bien, quédate aquí.

Paula no le hace caso, pendiente del televisor.

PAULA
Okay.

Eduardo golpea suavemente a Salvador en el zapato.

EDUARDO
Nos vemos

SALVADOR
Órale.

Sale Eduardo. Salvador y Paula se quedan solos. Salvador se nota nervioso. Paula atenta al televisor.

SALVADOR
¿No te aburre?

Paula sigue mirando unos segundos la pantalla y voltea.

PAULA
No sé, es buena onda, medio extraño a
veces.

SALVADOR
No, Eduardo no, la telenovela.

PAULA
(*ríe*)
No hombre, está buenísima.

SALVADOR
Siempre que la veo es lo mismo.

PAULA
Así es la vida ¿no?

Salvador se encoge de hombros. Se oye el tema final de la telenovela. Paula se pone de pie.

PAULA
Hasta mañana.

Se acerca a Salvador y se despide con un beso.

SALVADOR
Hasta mañana.

Paula sale del cuarto. Salvador empieza a contar para él.

SALVADOR
Uno, dos, tres, cuatro, cinco, seis, siete, ocho, nueve, diez, once, doce, trece, catorce, quince…

Al terminar sale disparado rumbo al jardin.

EXT. JARDÍN – NOCHE

Salvador se acerca de puntillas a una ventana con la luz encendida. Espía y descubre a Paula que morosamente empieza a desvestirse hasta quedar por completo desnuda.

Es alta, delgada y bien formada. Paula se contempla en el espejo. Salvador traga saliva y respira agitado.

Paula toma una camiseta y se la pone. Apaga la luz.

INT. COCINA DIA – MAÑANA

Claudio se encuentra desayunando un plato de cereal. Viste sport. A su lado la madre come un plato de papaya.

En otra silla, vestido con piyama y aún con cara somnolienta, se encuentra Salvador, quien se estira para tomar un plátano del centro de la mesa del desayunador y se queda recostado sobre la misma.

La madre le pica las costillas.

MADRE
Salvador, siéntate bien, ándale.

SALVADOR
!Ay Ma!

Salvador se endereza. Fernando entra vestido con pantalón de mezclilla y una camiseta. Acaba de bañarse y lleva el cabello húmedo. Saluda con un imperceptible:

FERNANDO
Buenas…

Abre el refrigerador y se pone a hurgar.

Saca un litro de leche, se sirve en un vaso y se queda parado tomándoselo, al mismo tiempo que coge una sección del periódico y comienza a leerla.

MADRE
Hijos, el sábado de la semana entrante
Claudio y yo nos vamos de viaje.

SALVADOR
¿A dónde?

MADRE
A España, por dos semanas.

SALVADOR
(*con sorpresa*)
¿Dos semanas?

MADRE
Sí mi hijito, dos semanas.

SALVADOR
No se vale, ma, ya se van a acabar las vacaciones y no he salido a ningún lado.

MADRE
Mira Salvador, cuando se puede se puede, cuando no, no.

SALVADOR
¿Y por qué no vamos todos?

La madre va a responder, pero Fernando la interrumpe sin quitar la vista del periódico.

FERNANDO
(*irónico*)
Dale chance a los tórtolos, no ves que casi ni tuvieron luna de miel.

MADRE
¡Fernando!

CLAUDIO
(*irritado*)
Voy de trabajo a Madrid y tu madre me acompaña como lo haría cualquier mujer con su marido.

> FERNANDO
> (*levanta las manos en
> señal de inocencia*)
> No se enojen, si yo nada más los estaba defendiendo.

Claudio deja de desayunar.

> CLAUDIO
> Con su permiso.

Sale molesto. La madre se levanta y encara a sus hijos.

> MADRE
> Es la última vez que me hacen difíciles las cosas.

La madre sale.

EXT. ENTRADA CASA – DÍA

Salvador abre la puerta de la casa y sale a la calle. Fernando sale también y lo alcanza.

> FERNANDO
> Salvador…

Salvador se detiene.

> FERNANDO
> Lo encontré.

> SALVADOR
> ¿A quién?

> FERNANDO
> A Lucio Estrada.

Salvador no parece reconocer el nombre que le menciona Fernando.

> FERNANDO
> El puto trailero... ya sé dónde vive...

A Salvador saberlo le duele, agacha la cabeza, no es un tema que quiera tocar.

> SALVADOR
> ¿Cómo sabes?

> FERNANDO
> Estuve busque y busque y ya di con él.

> SALVADOR
> No te creo.

> FERNANDO
> Llama al 2– qué 23–49 y verás quién te contesta.

Salvador trata de zafarse.

> SALVADOR
> Voy a la tienda.

Fernando le impide avanzar.

> FERNANDO
> Ahora que se vayan Claudio y mi mamá de viaje, nos vamos a Piedras Negras a buscarlo.

> SALVADOR
> ¿Para?

                    FERNANDO
    Matarlo.

EXT. JARDIN – TARDE

Paula se encuentra recostada sobre un camastro en el jardín.
Salvador a su lado, sentado en el pasto.

Paula escucha un aparato portátil de compact disc.

Es media tarde, soleada. Paula se encuentra vestida con unos
shorts muy cortos y una blusa sin mangas. Lee una revista.

Salvador aparenta leer un libro y mira de reojo las piernas
de Paula.

                    SALVADOR
    ¿Ya sabes que mi mamá y tu papá se van a
    España?

Paula deja de leer la revista y asiente.

                    SALVADOR
        (*hace una pausa y continúa*)
    Fernando y yo también nos vamos de
    viaje.

                    PAULA
    ¿A dónde?

                    SALVADOR
    A Coahuila.

                    PAULA
    ¿A Coahuila? ¿A qué?

                    SALVADOR
    Nomás, a dar la vuelta…

> PAULA
> (*sorprendida*)
> A Coahuila... que raro... ¿y ya pidieron permiso?

> SALVADOR
> No, nos vamos sin avisar.

> PAULA
> ¡Ahh!... Entiendo.

Vuelven a sus lecturas respectivas. Paula no muy atenta parece meditar lo que Salvador le ha dicho.

> PAULA
> Oye... ¿y podemos ir Eduardo y yo con ustedes?

Salvador la mira con expresión dubitativa.

INT. CUARTO FERNANDO – NOCHE

Salvador y Fernando se encuentran sentados sobre la cama.

> FERNANDO
> ¿Cuánto conseguiste?

> SALVADOR
> (*saca tres billetes de cien pesos de su pantalón*)
> Nada más trescientos pesos.

> FERNANDO
> Puta, no nos va a alcanzar.

> SALVADOR
> ¿Cuánto tienes?

FERNANDO
Mil quinientos, lo que dejó mi mamá para comida, nos lo vamos a acabar en pura gasolina.

SALVADOR
¿En qué coche nos vamos a ir?

FERNANDO
En la Suburban de Claudio, para poder dormirnos ahí.

Salvador se queda un momento pensativo y continúa.

SALVADOR
A lo mejor Paula nos ayuda con los gastos.

FERNANDO
¿Qué? ¿Le dijiste?

SALVADOR
No, sólo le platique que íbamos de viaje y ella se invitó solita, bueno ella y Eduardo.

FERNANDO
Que pendejo eres… ¿Le dijiste a que íbamos?

SALVADOR
Claro que no.

INT. CUARTO T.V. – MÁS TARDE

Fernando irrumpe en el cuarto de T.V. Paula mira relajadamente televisión, sola.

FERNANDO
(*amenazante*)
Tú no vas con nosotros a ningún lado.

Paula responde sin alterarse.

PAULA
No me pienso quedar aquí sola.

FERNANDO
Pues tráete a tu noviecito a dormir o lárgate con él a donde quieras, pero te lo advierto: con nosotros no vas a ninguna parte.

PAULA
Pues ahora voy porque voy.

Fernando intenta un tono más conciliatorio, sin dejar de amenazar.

FERNANDO
Mira, no vamos ni a una playa ni de compras a San Antonio, vamos derechito a arreglar un asunto…

PAULA
¿Qué asunto?

FERNANDO
Qué te importa.

PAULA
(*firme, pero sin alterarse*)
Tan sencillo como esto Fer: Si no nos llevan a mí y a Eduardo te voy a armar una bronca grande.

FERNANDO
Me vale gorro lo que hagas.

PAULA
Ya veremos.

Fernando sale, molesto.

INT. COMEDOR – MEDIODÍA

Toda la familia está reunida en la mesa. Claudio preside en la cabecera. A su lado la madre sirve los platos.

La vajilla es de cerámica y los saleros de madera.

MADRE
Salvador ¿quieres más carne?

SALVADOR
No gracias.

Paula estira su plato hacia la madre.

PAULA
Yo sí, por favor.

La madre le sirve. Paula cruza una mirada con Fernando.

PAULA
(a la madre)
Maru ¿sabes que Fernando y Salvador se piensan ir de viaje?

Salvador se vuelve a mirarla, desconcertado.

MADRE
(a Fernando)
¿Qué? ¿Y se puede saber a dónde?

Fernando intenta contestar, pero Paula interviene antes.

> PAULA
> Al norte ¿verdad?

Fernando la mira con furia.

La madre ve con enojo a su hijo.

> MADRE
> ¿Y a qué quieres ir allá?

> FERNANDO
> A Querétaro, a casa de unos amigos.

> MADRE
> ¿Por qué no me habían dicho antes?

> PAULA
> (*sonriendo desafiante*)
> Es que querían que fuera yo la que pidiera permiso, porque también nos invitaron a Eduardo y a mí.

> CLAUDIO
> ¿Cuándo piensan irse?

> PAULA
> El domingo para regresar el viernes.

Fernando y Salvador están atónitos ante la actitud de Paula.

> CLAUDIO
> No me parece mala idea, es bueno que ustedes tres convivan, lo único que no me gusta es que vaya Eduardo.

PAULA
¡Ay papá! No vamos a hacer nada malo.
Mis hermanos me cuidan.

Al decir esto, se vuelve hacia Fernando y lo mira con una risilla sardónica.

CLAUDIO
Okay, está bien.
(*se Vuelve hacia Fernando*)
Asegúrate que duerman en cuartos separados.

Fernando, Salvador y Paula intercambian miradas. Ella sonríe.

INT. SALA DE EJERCICIO – NOCHE

Paula está en una caminadora, corriendo a gran velocidad. Suda, su camiseta se halla empapada.

Salvador llega y se para junto a ella.

SALVADOR
Hola.

Ella responde, resollante.

PAULA
Hola.

SALVADOR
¿Cuánto aguantas?

PAULA
Una hora, quiero correr un maratón.

Se quedan en silencio un rato, se escuchan los pasos apresurados de Paula sobre la máquina.

SALVADOR
Me pidió Fernando que te convenciera
que no vayas al viaje.

Paula detiene la maquina para conversar con Salvador.

PAULA
Voy a ir, Salvador, les guste o no les guste.

SALVADOR
Es que vamos muy lejos Paula.

PAULA
¿Tú tampoco quieres que vaya?

SALVADOR
Yo sí, pero es que… Te vas a aburrir.

PAULA
¿A aburrirme más de lo que estoy aquí?
No creo.

SALVADOR
Por qué mejor no te vas con Eduardo a
Cuernavaca o a Acapulco… nosotros te
hacemos el paro.

PAULA
No, quiero ir a otro lugar, conocer, ya
estoy harta de Acapulco, Valle de Bravo,
Cancún…quiero conocer algo nuevo.

SALVADOR
Es que en serio, es un viaje muy largo y
vamos a una cosa que no te va a gustar.

Paula lo mira fijamente.

PAULA
¿Qué cosa?

Salvador no le responde, se queda callado por un rato.

SALVADOR
Nada.

PAULA
Entonces voy.

Paula acelera la máquina hasta llegar a un sprint, es obvio que quiere impresionar a Salvador.

EXT. CALLE – DÍA

Un taxi de sitio se encuentra frente a la casa. El taxista acomoda las maletas en la cajuela.

MADRE
(*despidiéndose de Paula*)
Se cuidan mucho mi hijita.

PAULA
Si Maru, no te preocupes.

MADRE
(*a sus hijos*)
Y ustedes se portan bien.

La madre los besa. Claudio se acerca al grupo y abraza a Paula.

CLAUDIO
Nos vemos reina.
(*se vuelve hacia ellos y
les palmea la espalda*)
Se las encargo ¿eh?

Ambos asienten. Claudio y la madre suben al taxi. Parten.

> FERNANDO
> (*a Paula*)
> Nos vamos a las cuatro y media, estés o no lista.

Paula saca unas llaves de su bolsa del pantalón y aprieta el botón de alarma. Suena el bip – bip de la Suburban que indica que está puesta la alarma.

> PAULA
> Si hombre. Cuando quieras.

EXT. CASA – DÍA

La Suburban se encuentra estacionada frente a la casa.

Paula y Salvador acomodan maletines, utensilios de cocina, hieleras.

Eduardo llega en un Caribe y lo estaciona. Se baja y camina hacia Paula. Paula lo abraza y lo besa.

Salvador los mira, receloso.

> PAULA
> ¿Listo?

> EDUARDO
> Listo.

Eduardo guarda en el auto su maletín. Fernando sale con un suéter envuelto en las manos.

> FERNANDO
> Vámonos.

Eduardo y Paula se dirigen a subirse atrás.

INT. CAMIONETA – CONTINOUS

Fernando se monta a la camioneta y del suéter saca rápidamente una Revolver calibre .38 y se la da a Salvador. En voz baja le dice

> FERNANDO
> Escóndela debajo del asiento.

Salvador la toma, desconcertado. Desea preguntar algo. Fernando le ordena.

> FERNANDO
> Escóndela ya.

Paula y Eduardo se acomodan en los asientos y cierran las puertas.

Salvador esconde la pistola justo a tiempo. Fernando arranca y parten.

EXT. CARRETERA – DÍA

La camioneta toma por la carretera.

INT. CAMIONETA – DÍA

Fernando maneja serio. Salvador contempla el paisaje por los cristales.

En la parte de atrás Eduardo y Paula, ríen, juguetean, se besan.

EXT. CARRETERA – TARDE

La camioneta cruza por la carretera.

INT. CAMIONETA – TARDE

Eduardo le pone una mano en un seno a Paula y ella riendo se la quita.

Fernando los ve por el espejo retrovisor y vuelve su mirada al frente.

Enciende el radio y busca una estación. Súbitamente Paula dice:

                    PAULA
     Déjale a esa canción, por favor.

                 FERNANDO
     No me gusta.

                    PAULA
        (*riendo con Eduardo,*
         quien la acaricia)
     Por favor no le cambies, es una clásica.

Paula y Eduardo cantan y bailan como tontos al ritmo de una balada pegajosa y comercial. Apenas acaba la melodía, Fernando busca de arriba a abajo en el cuadrante y termina por apagar el radio.

Paula y Eduardo dejan de tontear y comienzan a besarse con intensidad.

Salvador los observa de reojo, se nota incómodo.

EXT. CARRETERA ENTRADA QUERETARO – TARDE

Vemos la camioneta entrar a la ciudad de Querétaro.

INT. CAMIONETA – ATARDECER

Fernando continúa concentrado. Eduardo y Paula han dejado de besarse. Salvador mira por el parabrisas un letrero que dice "Motel."

Observamos a Fernando girar el volante en esa dirección.

EXT. MOTEL – ATARDECER

La camioneta queda estacionada frente al Motel.

INT. CAMIONETA – ATARDECER

Paula se asoma y ve que se trata de un motel pinchurriento.

>PAULA
>¿En este hotel nos vamos a quedar?

>FERNANDO
>A nosotros no nos alcanza para más.

>EDUARDO
>Está muy pinche, no jodas.

>FERNANDO
>¿Que querías? ¿Un cinco estrellas?

>EDUARDO
>Nomás porque no hay de seis.

Eduardo se ríe solo de su chiste. Paula apenas sonríe.

>EDUARDO
>(*a Salvador*)
>¿De verdad no traen dinero?

>SALVADOR
>Poco.

EDUARDO
No hay bronca. Yo invito el hotel, pero
vámonos a uno decente ¿no?

FERNANDO
No queremos que nos invites nada.

EDUARDO
Esta noche y ya. Tómalo como signo de
buena voluntad ¿va?

EXT. HOTEL CINCO ESTRELLAS QUERETARO – NOCHE

Vemos la camioneta estacionarse frente a un hotel de lujo.

Un bell – boy corre con una sombrilla para ayudarlos a guarecerse de la lluvia. Mientras los otros corren hasta el lobby, Paula, protegida por el paraguas, saca el pulsador de la alarma y lo oprime.

Queda puesta la alarma en la camioneta.

INT. LOBBY HOTEL – NOCHE

Los vemos entrar a los cuatro al lobby. Los hombres se sacuden el agua. Con aire mundano Eduardo se dirige a la recepción, misma que atiende una señorita con un uniforme café y expresión atenta.

RECEPCIONISTA
Buenas noches.

EDUARDO
Buenas noches. Queremos dos cuartos
dobles, por favor.

PAULA
Tres.

Eduardo se vuelve a verla, ofuscado. Sonríe y voltea hacia la recepcionista.

> EDUARDO
> Dos dobles señorita.

> PAULA
> Tres.

Eduardo la toma del brazo y se aleja unos pasos del mostrador.

> EDUARDO
> ¿Qué te pasa?

> PAULA
> ¿Para eso querías venir? ¿Para ver si te acostabas conmigo?

> EDUARDO
> No, pero no veo el problema que…

> PAULA
> (*lo interrumpe*)
> Tú nunca ves las cosas como deben ser.

> EDUARDO
> Está bien, está bien
> (*se dirige de nuevo a la recepcionista*)
> Tres habitaciones. Una doble y dos sencillas.

INT. CUARTO HOTEL – NOCHE

Salvador y Fernando se encuentran en la habitación. Fernando sobre su cama se quita la camisa.

Salvador saca algunas prendas de su maleta.

FERNANDO
Pinche vieja ¿Para qué le dijiste que viniera?

SALVADOR
Convino ¿No? Hasta hotel gratis.

FERNANDO
Nada más vino a fajar con el novio.

SALVADOR
Pero que tal le pintó la raya ¿eh?

Fernando se desviste y se pone la piyama. Salvador lo mira pensativo.

SALVADOR
Y la pistola ¿Para qué?

Fernando no le hace caso y destiende la cama. Al ver a su hermano todavía esperando respuesta le dice.

FERNANDO
¿Para qué crees?

SALVADOR
Sí, pero…

FERNANDO
¿Te vas a rajar?

SALVADOR
Yo nunca me rajo.

Fernando se acuesta y Salvador, que no se ha desvestido, se dirige hacia la puerta.

> FERNANDO
> ¿A dónde vas?

> SALVADOR
> A buscar una coca.

> FERNANDO
> No te tardes, güey.

INT/EXT. HOTEL CINCO ESTRELLAS QUERETARO – NOCHE

Salvador sale y camina por un pasillo. Mira los números de los cuartos contiguos y lo vemos contar mentalmente sus pasos.

EXT. JARDIN HOTEL – NOCHE

Salvador llega al jardín. Llueve torrencialmente.

Camina por atrás de las habitaciones. Cuenta sus pasos y de puntillas se acerca a una ventana.

Mira a Eduardo sentado sobre la cama hablando por teléfono. Se agacha, recorre unos pasos más y espía por la cortina entreabierta de la habitación de a lado.

Paula camina por el cuarto sin cesar con el teléfono en la mano. Parece discutir. Cuelga violentamente.

Mira hacia la ventana. Salvador se oculta. Suena el teléfono. Paula lo contesta. Salvador vuelve a espiar. De nuevo Paula discute y cuelga.

Camina por la habitación, enojada. Suena el teléfono y no contesta. Comienza a desnudarse. Se quita la blusa y el sostén.

Salvador respira agitado. Paula camina hacia la ventana. Salvador se esconde rápidamente y Paula cierra bien la cortina. Suena de nuevo el teléfono.

Decepcionado Salvador se retira y observa a Eduardo en la habitación contigua con el auricular en la mano.

INT. CUARTO HOTEL – NOCHE

Salvador entra a su cuarto, empapado. Está oscuro. Entra callado para no despertar a Fernando.

INT. BAÑO – NOCHE

Se encierra en el baño y enciende la luz. Se mira en el espejo y ve las gotas de agua escurrir por su rostro.

Se quita la playera empapada, en su torso descubrimos una larga cicatriz que lo recorre en diagonal.

La cicatriz revela una herida grave.

Se seca con una toalla y se pone la camisa de la piyama.

EXT. ESTACIONAMIENTO HOTEL – AMANECER

Están los tres hombres esperando recargados en la camioneta, con sus pertenencias en el piso.

Sale Paula y oprime el pulsador de la alarma. Fernando con cara de fastidio abre la camioneta.

INT. CAMIONETA – MÁS TARDE

Fernando maneja. Atrás, Paula y Eduardo van separados y sin hablarse.

Fernando enciende el radio. Busca en el cuadrante y halla la canción pegajosa del día anterior. La deja un rato.

Mira a los novios por el espejo retrovisor. Sonríe al verlos enojados. Le cambia de estación.

EXT. CARRETERA – DÍA

Intercortes de la camioneta que recorre paisajes diversos.

INT. CAMIONETA – DIA

Están estacionados a la orilla de la carretera, por la ventana podemos ver a Eduardo que busca donde orinar.

Fernando se vuelve hacia Salvador.

> FERNANDO
> ¿Dónde cargaron gasolina?

> SALVADOR
> ¿Quienes?

> FERNANDO
> ¿Cómo que quienes? Tú y mi papá.

> SALVADOR
> No me acuerdo.

> FERNANDO
> ¿No te acuerdas?

> SALVADOR
> No.

> FERNANDO
> Pues te tienes que acordar de todo ¿entiendes? Dónde comieron, dónde durmieron, hasta dónde se detuvieron a orinar.

Salvador se voltea para no hacerle caso. Vemos a Paula extrañada por el diálogo entre ambos.

EXT. CARRETERA – DÍA

La camioneta avanza. Descubrimos que en una intersección se halla un retén de judiciales.

Hay algunos vehículos antes de ellos, mismos que los judiciales revisan minuciosamente.

>   FERNANDO
>   (*a Salvador*)
>   Rápdido, dame la pistola.

Salvador la busca desesperado bajo el asiento.

>   SALVADOR
>   ¿Por qué? ¿Qué pasa?

>   FERNANDO
>   Dámela.

Salvador saca el arma y Fernando se la arrebata. Se voltea hacia Paula.

>   FERNANDO
>   Escóndetela entre la ropa.

>   PAULA
>   Estás loco ¿para qué?

>   FERNANDO
>   Que la escondas chingados, o nos meten a
>   todos al bote.

>   EDUARDO
>   (*ordenándole a Paula*)
>   Tírala por la ventana.

FERNANDO
No seas pendejo, así se van a dar cuenta
los judiciales.

Paula esconde la pistola entre su pantalón y su blusa. Se aproximan lentamente al retén.

Fernando saca de uno de sus bolsillos un puñado de balas y se lo entrega a Paula.

FERNANDO
Esto también.

Paula guarda apresuradamente las balas en la bolsa de su pantalón. Un judicial se acerca. Fernando baja la ventanilla.

JUDICIAL
¿A dónde van?

FERNANDO
(*aparentando firmeza*)
A Coahuila.

El judicial se asoma por una de las ventanillas.

JUDICIAL
¿Qué van a hacer allá?

FERNANDO
A ver una tía.

JUDICIAL
¿En qué ciudad?

FERNANDO
Nuevo Laredo.

JUDICIAL
(*lo mira inquisitivo*)
Por fin, joven ¿van a Tamaulipas o a Coahuila

Fernando trata de contestar pero antes el judicial le ordena.

JUDICIAL
Orille su vehículo, por favor.

EDUARDO
(*murmura*)
Idiota.

EXT. RETEN – DÍA

Fernando estaciona el vehículo. Llega el judicial con otros dos.

JUDICIAL
Bajen, por favor.

Descienden los cuatro de la camioneta. El judicial dos entra al coche y hurga debajo de los asientos.

El judicial tres abre la portezuela de compartimiento del equipaje y revisa las maletas.

EDUARDO
¿Buscan algún criminal?

JUDICIAL
No, es rutina. Coloquen las manos sobre el toldo.

Los cuatro obedecen. El judicial catea a ellos tres. Cuando llega el turno de Paula el judicial le mira como "perdonavidas."

                    JUDICIAL
Está bien, señorita.

                  JUDICIAL DOS
No hay nada comandante.

                    JUDICIAL
Es todo jóvenes, pueden irse.

Los cuatro suben nerviosos a la camioneta. El judicial les hace la seña de partida. Fernando conduce la camioneta de nuevo hacia la carretera.

EXT. CARRETERA – DIA

Vemos la camioneta dejar el reten y avanzar algunos kilometros.

INT. CAMIONETA – DIA

Van callados y asustados. Después de unos segundos, Fernando se dirige a Paula.

                   FERNANDO
Devuélveme la pistola.

                    EDUARDO
No le des nada.

                   FERNANDO
Dámela.

Paula saca la pistola de debajo de su blusa y la examina.

                     PAULA
Esta pistola es de mi papá, ¿Qué haces tú
con ella?

                FERNANDO
Dámela.

                PAULA
¿Para qué la quieren?

                SALVADOR
Por si nos quieren asaltar.

Paula mira fijamente a Salvador, quien cambia su mirada a otro lado.

                PAULA
No es cierto.

                FERNANDO
                (*exasperado*)
Ya, dámela.

                EDUARDO
¿Qué se traen?

                FERNANDO
¿Qué te importa?

                EDUARDO
Ustedes dos son muy raritos ¿sabes?

                FERNANDO
Me vale madres.
                (*hacía Paula*)
Entrégame la pistola, carajo.

Paula no se la entrega. Eduardo se la trata de quitar y ella no cede.

                EDUARDO
Aviéntala por la ventana.

Paula comienza a bajar su ventanilla. Salvador se vuelve hacia ella.

> SALVADOR
> Me la das a mí, por favor.

Al notar el tono conciliatorio de Salvador, Paula duda y termina por entregársela junto con las balas.

Salvador la vuelve a colocar bajo el asiento y le da las balas a Fernando, que las guarda.

> EDUARDO
> Llegando a San Luis Potosí, Paula y yo
> nos bajamos.

> PAULA
> ¿Por?

> EDUARDO
> ¿Cómo por? ¿Qué no te das cuenta que
> éstos..

> FERNANDO
> ¿Qué estos qué, cabrón?

> EDUARDO
> No voy a discutir contigo, estás mal de la
> cabeza.

Fernando enfrena violentamente la camioneta y vuelve a arrancar.

> EDUARDO
> No te digo: estás loco.

Fernando enfrena y arranca.

EDUARDO
(*chasquea los dedos*)
Déjanos aquí, ya…ahorita.

Fernando se sale bruscamente de la carretera y se enfrena en un claro.

FERNANDO
(*ahora es el quien
truena los dedos*)
Bájense ya, de volada.

Eduardo se baja del coche, le da la vuelta, abre la portezuela de Paula.

EDUARDO
Vámonos.

PAULA
No.

EDUARDO
¡Vámonos, carajo!

PAULA
No. Me quedo con ellos.

EDUARDO
(*se lleva repetidas veces
el dedo índice a la cabeza*)
Este tipo está mal, está zafado.

SALVADOR
Orale, ya vete.

EDUARDO
Tú ¿qué? Escuincle caguengue.
(*hacía Paula*)
¿Vienes o no?

Paula niega con la cabeza. Eduardo, enojadísimo, toma sus cosas y baja del vehículo.

Fernando arranca rechinando llantas. Por el espejo retrovisor mira a Eduardo solo en la carretera.

En el interior de la camioneta van callados los tres.

FERNANDO
Todavía estás a tiempo de bajarte.

PAULA
Mejor te bajas tú, porque esta es la camioneta de mi papá y esa que llevan ahí es su pistola.

FERNANDO
¿Te bajas o no?

PAULA
No, porque no quiero.

FERNANDO
Tu te atienes a las consecuencias.

EXT. CARRETERA – DIA

Intercortes de la camioneta por la carretera. Las vemos llegar a una pequeña fonda caminera. Descienden los tres y entran a la fonda. Un trailer se encuentra ostentosamente estacionado en una orilla de la fonda.

INT. FONDA – DIA

El lugar es pequeño. En una de las mesas comen dos traileros. Ellos se sientan en una mesa lejana. Un gordo les lleva tres menús.

> GORDO
> ¿Qué quieren tomar?

> FERNANDO
> A mí una cerveza, la que sea.

> SALVADOR
> Una coca.

> PAULA
> A mí un capuchino, por favor.

El gordo la mira inquisitivamente.

> GORDO
> ¿Un qué? Perdón.

> FERNANDO
> (*satírico*)
> Un café con leche.

El gordo se retira con la orden. Fernando toma un periódico de la mesa contigua y se pone a leerlo, mientras Salvador y Paula revisan los menús.

> FERNANDO
> (*a Paula sin quitar la
> vista del periódico*)
> ¿Cuánto dinero traes?

Paula saca una cartera de su bolsa y la examina discretamente.

PAULA
Lo suficiente.

Fernando le arrebata la cartera y la registra. Paula trata de quitársela, él no se deja.

PAULA
Devuélvemela idiota.

Fernando extrae unos billetes de la cartera.

FERNANDO
Doscientos cincuenta ¿traes más?

PAULA
(*con decisión*)
No.

FERNANDO
¿Y tarjetas de crédito?

PAULA
Tampoco, las deje en México, ahora: dame mi dinero.

FERNANDO
Es para el fondo común ¿Entiendes? Eso si quieres seguir con nosotros.

Paula intenta reclamar, pero Salvador interviene.

SALVADOR
No traemos mucho Paula.

PAULA
¿Y tampoco traen tarjeta?

> FERNANDO
> Nosotros no tenemos papi que nos dé
> tarjeta.

EXT. CARRETERA – ATARDECER

Vemos la camioneta estacionarse frente a un motel de cuarta. Un letrero de luz neón contrasta con las figuras de los cactus delineadas en los ocres de la tarde.

EXT/INT. MOTEL DE CUARTA – ATARDECER

Los tres se acercan a la pequeña ventanilla de la recepción. Los recibe una mujer con el cabello teñido que escucha un radio sobre el mostrador.

> FERNANDO
> ¿Cuánto cuestan los cuartos?

> MUJER
> ¿Un rato o la noche?

> FERNANDO
> La noche.

> MUJER
> Cincuenta.

> FERNANDO
> Denos uno.

> PAULA
> Dos.

Fernando la mira con una sonrisa sardónica.

                        FERNANDO
            No nos alcanza chiquita, o ¿quieres
            dormirte en la camioneta?

Paula mete su mano a la bolsa trasera de su pantalón y saca un billete de cien.

                         PAULA
            Yo me lo pago.

                        FERNANDO
            Ahora pagas los dos por coda.

La mujer toma los cien pesos y les entrega unas llaves con un burdo y grande llavero de madera.

                         MUJER
            Tienen los cuartos ocho y trece.

INT. CUARTO – NOCHE

Paula entra a la habitación. Hay una cama matrimonial con una colcha raída, un pequeño buró descascarado y un foco pelón como única fuente de luz.

Paula mira asqueada. Deja su maleta sobre el colchón, que rebota con el peso. Entra al baño y enciende la luz.

Una cucaracha sale de detrás de la puerta y Paula sale asustada. El excusado no tiene tapa. Paula le jala la cadena.

Regresa a la cama. Alza la colcha y ve las sábanas percudidas.

Saca de su maleta tres blusas y las acomoda sobre el colchón. Apaga la luz y se acuesta sobre las prendas.

INT. CUARTO – MADRUGADA

Paula duerme profunda. Se empiezan a escuchar gritos. Paula se despierta y sin levantarse de la cama se concentra.

     GRITOS OFF VOZ FEMENINA
 No, No…

Paula se levanta y camina a la ventana. Abre ligeramente la cortina y ve a un hombre alto, vestido ruralmente, golpear de modo salvaje a una mujer que, tirada en el piso, trata de defenderse.

     HOMBRE
 Puta, hija de la chingada…

Paula mira la escena entre subyugada y asustada. No hace ningún intento por intervenir, pero tampoco por separarse del cristal.

El hombre levanta a la mujer y le pega con el puño cerrado La mujer, sangrante, cae con estrépito al piso.

El hombre descubre a Paula espiándolos y la mira con furia. Paula respira hondo. El hombre da un paso hacia ella.

La mujer se incorpora del piso y saca una navaja. Le lanza un navajazo al hombre que le rasga el deltoides.

El hombre se vuelve hacia ella y la golpea con brutalidad.

La mujer suelta el arma.

     HOMBRE
 Pendeja…

Toma a la mujer de los cabellos y a rastras la sube a una camioneta Pick – Up Dodge 1971.

                    MUJER
            Ya, suéltame, Joaquín, no…

El hombre le sorraja otro golpe en el rostro y la mujer queda atontada sobre el asiento delantero. La camioneta parte.

Paula la contempla alejarse. Se queda mirando un rato por el vidrio y sale hacia donde se llevó a cabo el pleito.

EXT. ESTACIONAMIENTO MOTEL DE CUARTA – MADRUGADA

En el piso descubre la navaja. La levanta, está llena de sangre.

Escucha a alguien tras de sí y voltea asustada. Es Fernando que está a unos cuantos metros de ella y Salvador que los observa desde el resquicio de la puerta.

Un ranchero viejo los mira desde otra puerta. Paula no suelta la navaja.

                    FERNANDO
            Que madriza ¿Verdad? Casi la mata.

Paula. Aún impresionada, asiente con la cabeza.

                    FERNANDO
            Ha de haber sido su esposa, o una
            prostituta ¿quién sabe?

Salvador se acerca a ellos. El viejo cierra la puerta.

                    SALVADOR
                (señalando la navaja)
            ¿Para que quieres eso?

Paula examina la navaja que refulge en la obscuridad, tiene sus manos llenas de sangre.

> PAULA
> No sé, para lo que se ofrezca...

Fernando se aproxima a ella y mira de cerca la navaja.

> FERNANDO
> Lindo souvenir de viaje ¿no?

Paula parece no creer lo que escucha, Fernando se la pide.

> FERNANDO
> Dámela yo la lavo.

Ella niega con la cabeza.

> PAULA
> No, yo me la quedo.

INT. CUARTO – NOCHE

Paula lava la navaja en el lavabo.

Gotas de sangre con agua escurren sobre la cerámica.

Al terminar Paula seca la navaja con la toalla. La abre y la cierra (es una navaja de botón).

INT. CAMIONETA – MAÑANA

Fernando maneja, adelante Salvador mira el paisaje. Atrás, Paula va pensativa.

> PAULA
> ¿A dónde vamos?

> SALVADOR
> (*reiterando*)
> A Coahuila.

PAULA
Sí, ya lo sé ¿pero a qué?

Salvador va a contestar cuando Fernando lo interrumpe.

FERNANDO
A comprar cien kilos de mariguana.

Paula se queda callada, seria. Salvador ríe y luego ella también.

PAULA
En serio.

Cruzan frente a una tienda rural. Fernando enfrena, se sale de la carretera y se echa en reversa. Saca un billete de cincuenta y se lo entrega a Salvador.

FERNANDO
Cómprate tres latas de sardinas, si tienen,
y una bolsa de Pan Bimbo. Si no te traes
lo que se te antoje.

Salvador se baja de la camioneta y se dirige a la tienda.

Fernando se vuelve hacia Paula y le contesta tardíamente.

FERNANDO
Vamos al lugar donde se mató mi papá.

PAULA
¿Se mató en Coahuila?

FERNANDO
Sí, ¿no lo sabías?

PAULA
No, tu mamá nos dijo que había muerto
en un accidente de coche, pero no nos dijo
ni dónde, ni cuándo, ni cómo.

FERNANDO
Se estrelló a ciento treinta kilómetros
antes de llegar a Piedras Negras.

PAULA
¿Está lejos de aquí?

FERNANDO
A unas doce o trece horas.

PAULA
¿Tan lejos?

FERNANDO
Si prefieres puedes regresarte.

PAULA
Ya te dije que no y ni se te ocurra tratar de
dejarme aventada por ahí en la carretera.

Fernando sonríe. Regresa Salvador cargado de gansitos, papitas, churrumais, mantecadas. Los coloca sobre el asiento.

FERNANDO
¿Es lo único que hay?

SALVADOR
No, también hay leche en polvo ¿quieres?

FERNANDO
No. Vámonos.

EXT. CARRETERA – DÍA

Camioneta cruza carretera.

INT. CAMIONETA – DÍA

Paula dormita. Cruzan frente a unas mujeres y unos niños. Colgadas en un palo se ven víboras de cascabel secadas al sol.

Algunas de las mujeres llevan en sus manos águilas y ardillas vivas.

> SALVADOR
> (*emocionado*)
> Ahí, ahí nos paramos.

> FERNANDO
> ¿Seguro?

> SALVADOR
> Segurísimo.

Fernando se orilla. Paula despierta.

> PAULA
> ¿Qué pasó?

Una señora llega corriendo, seguida de tres o cuatro niños andrajosos. Fernando abre la ventanilla.

> SEÑORA
> Barata el águila, barata.

> NIÑOS
> ¿No nos da para el refresco?

EXT. VENTA DE ANIMALES HUIZACHE SAN LUIS POTOSÍ – DIA

Fernando se baja. Paula y Salvador abren sus portezuelas respectivas. Los niños se empujan para pedir limosna.

> FERNANDO
> ¿Para qué se pararon aquí?

Salvador señala las víboras colgantes.

> SALVADOR
> Mi papá se compró una víbora.

> FERNANDO
> ¿Una víbora?

> SALVADOR
> Sí, para comérsela, dijo que servía para
> limpiar la sangre.

> SEÑORA
> Sí joven y también para curar el cáncer y
> los dolores de huesos.

Los niños se arremolinan. Fernando saca unas monedas y se las da. Paula saca unos billetes de diez y se los regala.

Fernando la mira extrañado.

La señora jala a Fernando, quien se retira a ver las víboras.

Un niño se acerca a Paula y le muestra una ardilla amarrada con un pequeño mecate.

> NIÑO
> Llévesela señorita.

INT. CAMIONETA – DIA

Salvador lleva la víbora en su mano. Salvador arranca un pedazo de la víbora y empieza a masticarlo con gusto.

Arranca otro y se lo ofrece a Fernando.

SALVADOR
¿Quieres?

Fernando ve el pedazo y niega con la cabeza. Paula lo pide.

PAULA
Yo sí, dame.

Salvador se lo da y Paula lo mastica lentamente.

PAULA
Sabe como a camarón seco.

Salvador sonríe.

FERNANDO
Una vez mi mamá la probó sin saber que era y le encantó.

SALVADOR
Luego mi papá le contó y casi se desmaya.

Los tres ríen.

FERNANDO
Así como casi te desmayas tu cuando.
Cecilia se entero que te gustaba.

Salvador se pone rojo.

PAULA
¿Con que con novia?

SALVADOR
Claro que no, eso no pasó.

PAULA
Cecilia... chava afortunada.

Paula mira a Salvador y sonríe.

EXT. CARRETERA – DÍA

La camioneta cruza por el desierto entre San Luis Potosí y Coahuila.

INT. CAMIONETA – DÍA

Fernando orilla la camioneta. Se le nota cansado. Recorre unos metros de brecha y la detiene.

> SALVADOR
> ¿Qué vamos a hacer?

> FERNANDO
> Yo dormiré, ustedes no sé.

Paula se acerca a ellos.

> PAULA
> Yo puedo manejar de mientras.

Fernando desciende del vehiculo y se dirige a la cajuela para hacer su cama.

> FERNANDO
> ¿Tú? ¿Cuántas veces has manejado en carretera?

> PAULA
> Como diez veces a Cuernavaca.

> FERNANDO
> (*en son de burla*)
> ¡Uy, cuánto!

PAULA
(*molesta*)
¿Por qué a veces eres tan mamón?

FERNANDO
Aleluya, hasta que oigo a la niñita decir una grosería.

PAULA
Me cae que no te entiendo, hace rato estabas bien alivianado y ahora te pones en mal plan. De veras que si estás medio tocado.

FERNANDO
Pues así soy, ¿como la ves?

SALVADOR
Ya bájale Fernando. Ella te dijo en buena onda si podía manejar.

FERNANDO
Ya le dije que no.

Fernando se acomoda en la cajuela.

FERNANDO
Buenas noches.

EXT. ORILLA CARRETERA – DÍA

Mientras Fernando duerme, Paula y Salvador se han sentado debajo de la sombra de un huizache.

Tienen un radio portátil encendido, se escucha la voz de un locutor de la región.

Paula busca en el cuadrante del radio y al pasar por una estación Salvador le dice.

SALVADOR
Déjale ahí.

Suena música norteña.

PAULA
(*incrédula*)
Pero si parece música de fondita.

SALVADOR
No, no… es la Rancherita de Monterrey.

PAULA
¿Qué?

SALVADOR
Sí, la Rancherita… mi papá decía que se escuchaba hasta en Guatemala. Siempre la sintonizaba cuando salíamos a carretera.

PAULA
¿Le gustaba a tu papá?

SALVADOR
Sí, mucho.

Fernando se asoma por la ventanilla y los mira con reprobación.

FERNANDO
Carajo, no dejan dormir tranquilo con su guiri – guiri…

EXT. CARRETERA – DÍA

La camioneta sale de la pequeña brecha y se incorpora a la carretera. Un trailer pasa raudo junto a ellos y suena un cláxon.

INT. CAMIONETA – DÍA

Fernando mira por el espejo retrovisor y enojado dice:

>FERNANDO
>¡Pendejo!

INT. CARRETERA – DÍA

La camioneta se desplaza por la gran llanura.

>FERNANDO
>(*a Paula, que dormita en el asiento trasero*)
>Pásame una manzana.

>PAULA
>¿Por?

>FERNANDO
>Porque tengo hambre.

>PAULA
>(*recrimina*)
>P–o–r f–a–v–o–r.

Fernando se gira levemente y apunta con su dedo índice derecho.

>FERNANDO
>Allá…
>(*Paula busca y Fernando corrige*)
>No… allá.

Súbitamente un animal cruza la carretera y Salvador grita.

>SALVADOR
>¡Cuidado!

EXT. CARRETERA COAHUILA – DÍA

La camioneta impacta un animal (aún no sabemos qué es).

Fernando pierde el control del vehículo, se sale de la carretera y comienza a colear.

Vemos que arrolla todo un hato de cabras. Por fin la camioneta se detiene entre una nube de polvo y reguero de animales muertos.

Un pastorcito, de diez años, los mira estupefacto bajo un árbol.

INT. CAMIONETA – DÍA

Salvador respira agitado. Paula sin habla.

>   FERNANDO
> ¿Están bien?

La nube de polvo se disemina poco a poco. Fernando alcanza a ver el destrozo que ha ocasionado.

>   FERNANDO
> ¡Puta!

Salvador voltea y ve a los animales muertos. Fernando trata de arrancar la camioneta para irse. Salvador le grita.

>   SALVADOR
> ¡No!

Fernando insiste. Salvador le quita las llaves.

>   SALVADOR
> No carajo, no te quieras escapar.

Fernando se calma.

EXT. CARRETERA – DIA

Paula desciende de la camioneta y se dirige hacia el pastor, que comienza a llorar desconsolado.

Fernando se baja también. Se escucha el aullido lastimero de un animal.

Fernando voltea hacia la carretera y ve a un perro con las patas quebradas tirado a la mitad de la cinta asfáltica.

>   PASTOR
>   (*a Paula*)
>   Mis cabras... mis cabras... me van a
>   regañar...

>   PAULA
>   Ya, ya... Tranquilo...

Fernando camina hacia el perro. Pasa junto a una cabra herida que bala asustada. Fernando se asusta también.

El perro gime. Fernando llega hasta él y con cuidado trata de arrestarlo hacia la orilla. El perro, lastimado, chilla y trata de morderlo.

Salvador llega y lo ayuda. Un trailer pasa junto a ellos del otro lado de la carretera.

>   VOZ OFF DEL PASTOR
>   Mis cabras... mis cabras...

Fernando levanta la vista y contempla el desolador panorama del accidente. Tres o cuatro cabras corren nerviosas por entre la media decena de cadáveres de las demás.

La cabra herida bala sin cesar.

Paula, trata de calmar al pastor.

PAULA
No te preocupes, te las vamos a pagar.

El pastor sigue desconsolado. Fernando se mira las manos: las tiene llenas de sangre del perro. Salvador se mira asustado.

FERNANDO
(*para sí*)
¡Carajo!

Fernando camina hacia la camioneta y descubre que tiene una llanta ponchada. La patea.

Entra el vehículo, busca debajo del asiento y saca la pistola.

Decidido camina hacia donde se encuentra la cabra herida.

Percute el arma, le apunta en la cabeza y cuando se apresta a disparar se arrepiente.

La cabra lo mira con ojos desorbitados y bala de nuevo.

Fernando se guarda la pistola en la cintura.

EXT. DESIERTO – DÍA

El niño camina por un sendero, lo siguen Paula, Fernando y Salvador.

Llegan hasta un jacal. Un viejo, manco del brazo izquierdo, corta unas ramas con un machete.

Al verlos llegar, deja su labor y mira a los forasteros.

FERNANDO
Buenas tardes.

VIEJO
Buenas.
(*al muchacho*)
¿Qué pasó?

Fernando anticipa a la respuesta del niño.

FERNANDO
Tuvimos un accidente y… atropellamos sus cabras.

El viejo se vuelve hacia el niño, molesto.

VIEJO
Chingado muchacho ¿cuántas veces te he dicho que no lleves los animales a pastar junto a la carretera?

PAULA
No lo regañe, fue culpa nuestra.

El niño amaga con llorar.

FERNANDO
Se las vamos a pagar y al perro también.

VIEJO
(*al niño*)
¿Cuál perro?

NIÑO
El mocho.

El viejo menea su cabeza.

FERNANDO
Está herido, a lo mejor se salva.

                         VIEJO
    ¿Dónde están?

EXT. LUGAR ACCIDENTE – TARDE

Fernando, Salvador y el viejo llegan al lugar del accidente. El viejo examina uno de los animales muertos. Cuando llegan a la cabra herida, ésta ya se encuentra muerta.

El perro, al percatarse de la presencia de su amo, empieza a gemir. El viejo se acerca, lo revisa, tiene la columna rota y no puede mover las piernas.

El viejo alza su machete y descarga un golpe.

Se escucha un chillido. Fernando contempla la escena, pasmado. El viejo guarda el machete en su cintura, camina hacia una de las cabras y la carga.

                         VIEJO
    Ayúdenme a llevarlas.

EXT. JACAL – ATARDECER

Fernando y el viejo llegan con las cabras, seguidos por Salvador que carga la suya trabajosamente.

Las cabras vivas los siguen. Paula y el niño los aguardan.

                         VIEJO
                      (*al niño*)
    Encierra las cabras, ándale.

El niño arrea las cabras y las mete en un corral hecho con ramas. Fernando, apenado, se acerca al viejo.

                       FERNANDO
    ¿Cuánto le debo de las cabras?

El viejo lo mira y se encoge de hombros.

> VIEJO
> Ai, lo que quiera darme.

> FERNANDO
> No, ¿cuánto? Dígame

> VIEJO
> Pos deme cuarenta por cabra.

Fernando saca unos billetes y se los da al viejo.

> FERNANDO
> Tenga trescientos.

> VIEJO
> ¿Por qué tanto?

> FERNANDO
> Son doscientos por las cinco cabras y cien
> por el perro.

El viejo le devuelve el billete de cien.

> VIEJO
> No se preocupe. El perro era chocolato,
> corriente pues. Al rato me consigo otro.

Fernando rechaza el billete. Le hace el gesto de que lo guarde.

> VIEJO
> Está bueno amigo… ora por lo menos
> acéptenme un café.

INT/EXT. JACAL – ATARDECER

Entran al jacal. Es un lugar muy humilde. Hay una mesa con tres sillas. Un horno de piso. Unos petates.

En una mecedora ésta una anciana de piel blanca y cerca de noventa años. La anciana está sentada frente al televisor.

                VIEJO
  Ya llegué madre.

La anciana voltea con la mirada perdida: es ciega.

              ANCIANA
  ¿Con quién vienes?

                VIEJO
  Con unos muchachos que se accidentaron
  en la carretera.
        (*a Paula y Salvador*)
  Siéntense, por favor.

Paula se sienta en una modesta silla y Salvador se queda de pie mirando extrañado el televisor.

              SALVADOR
  ¿Tienen luz?

El viejo ríe.

                VIEJO
  No que va joven, tengo la televisión
  conectada a la batería de la troca…
        (*a Salvador y Fernando*)
  Pero siéntense, están en su casa.

              FERNANDO
  Ahorita, nomás vamos a la camioneta a
  tratar de cambiar la llanta y regresamos.

Fernando toma a Salvador del brazo y se encaminan hacia la puerta. Paula trata de decir algo, pero Fernando se adelanta.

> FERNANDO
> No nos tardamos.

Parten.

EXT. DESIERTO LUGAR ACCIDENTE – NOCHE

Fernando se agacha debajo de la camioneta y hace algunas maniobras. Fernando se vuelve a enderezar.

> SALVADOR
> Fernando...

Fernando, sin dejar de ejecutar sus maniobras, responde.

> FERNANDO
¿Qué pasó?

> SALVADOR
> ¿De veras vamos a buscar a Lucio Estrada?

Fernando deja lo que está haciendo y se vuelve a mirar a su hermano. Asiente con la cabeza.

> SALVADOR
> ¿Y qué vamos a hacer cuándo lo encontremos?

> FERNANDO
> Partirle su madre.

> SALVADOR
> ¿De verdad piensas matarlo?

FERNANDO
El mató a mi papá ¿no?

Salvador asiente. Mira hacia el horizonte. Un trailer pasa por la carretera y él lo sigue con la mirada.

FERNANDO
¿Y tú qué quieres hacer?

SALVADOR
No sé.

Se quedan pensativos ambos un momento y Fernando vuelve a agacharse bajo la camioneta.

INT. JACAL – NOCHE

Paula se encuentra sentada frente a la mesa. El viejo y el niño sentados junto a ellos. Paula bebe de una taza.

PAULA
¿Qué horas son?

VIEJO
Han de ser como las nueve y media.

PAULA
Ya se tardaron mucho…

VIEJO
Se han de haber dilatado con la camioneta.

Se escucha el tema musical de la telenovela que ha visto antes Paula.

Ella se levanta de su silla y camina hacia la anciana.

PAULA
¿Usted también ve al "Filo del Amor"?

ANCIANA
(*vuelve su mirada vacía hacia Paula
y ríe con ironía suave*)
Más bien la oigo, hija.

PAULA
(*apenada*)
Perdón.

Se escuchan los parlamentos de la televisión. La anciana aguza el oído. Se hace un silencio.

ANCIANA
¿Qué está pasando?

PAULA
Rosalba se está besando con Martín, pero
no se ha dado cuenta que Roxana los
espía.

ANCIANA
¿Roxana?

PAULA
Sí, la cuñada, la hermana de Javier, los esta
viendo por la ventana.

Se vuelven a escuchar los parlamentos. Paula calla. El viejo se acerca.

VIEJO
¿Le gustan las telenovelas señorita?

PAULA
Sí claro, son como la vida ¿no?

El viejo se queda en silencio.

Paula descubre de pronto el distinto y paupérrimo ámbito en el cual se encuentra.

Paula corrige, un poco torpemente.

                PAULA
    Bueno, son entretenidas ¿no?

EXT. DESIERTO – NOCHE

La camioneta del viejo llega hasta el lugar del accidente, Paula desciende del vehiculo. Vemos la camioneta con las portezuelas abiertas. Su interior iluminado. Fernando sigue trabajando en la camioneta.

                PAULA
               (*al viejo*)
  Gracias.

Fernando y Salvador voltean a ver la camioneta del viejo. Se despiden con la mano. La camioneta parte en la oscuridad.

                PAULA
    ¿Por qué tardan tanto?

              FERNANDO
    No podemos cambiar la llanta, se trabó el
    gato.

Paula mira a su alrededor.

                PAULA
    ¿Tenemos que dormir aquí?

              FERNANDO
    (*sin dejar de hacer sus cosas*)
    No hay de otra, estamos a cien kilómetros
    del pueblo mas cercano. Paula mira otra
    vez a su alrededor.

PAULA
¿Me prestan una linterna?

FERNANDO
¿Para?

PAULA
Para qué va a ser.

Fernando le entrega la linterna. Paula la enciende y camina por un sendero.

FERNANDO
(*sarcástico a Salvador*)
Esta para ir al baño va a terminar llegando a Saltillo.

EXT. DESIERTO – NOCHE

Paula sigue por el sendero y llega a un descampado. Se detiene y alumbra con la linterna el perímetro. Se desabrocha los pantalones.

Se sienta. Escucha un ruido. Levanta la linterna, ilumina y ve cerca de ella a un coyote.

Se espanta y regresa pronto a la camioneta.

SALVADOR
¿Qué pasó? ¿Por qué tan pronto?

PAULA
(*Serena y ocultando su agitación*)
No pasó nada.

INT. CAMIONETA – NOCHE

Están acostados los tres. Han abatido los asientos de la Suburban para caber mas cómodamente.

Los dos hombres atrás. Paula en el asiento delantero.

Se escuchan los aullidos y ladridos de los coyotes. Paula se despierta y escucha con los ojos abiertos.

Los aullidos se oyen más cercanos. Paula se incorpora y mira por el parabrisas. Enciende las luces y no ve nada.

Las apaga y se vuelve a acostar.

EXT. DESIERTO – MAÑANA

Salvador y Paula acomodan las cosas en la camioneta. Fernando los llama.

> FERNANDO
> Hey… vengan…

Paula y Salvador llegan hasta él. Con la punta del zapato les muestra los despojos del perro que han sido devorados.

> PAULA
> ¿Qué le pasó?

> FERNANDO
> (*mirando el piso, las huellas*)
> Se lo comieron los coyotes.

Lo observan los tres un rato. Fernando y Salvador se retiran.

Paula se agacha y con un palo remueve los restos y los examina.

Toma el cráneo semidevorado y le mira los dientes. Levanta su mirada hacia los matorrales. Se incorpora y alcanza a Fernando y Salvador en la camioneta.

> SALVADOR
> Pinches coyotes ¿verdad?

PAULA
Coyotes comeperros.

Ambos ríen.

SALVADOR
Yo sé cómo los puedes cazar, ven…

Van a la parte posterior de la camioneta. Salvador escudriña en una maleta y saca un silbato.

SALVADOR
Mira.

PAULA
¿Qué es?

SALVADOR
Un reclamo para coyotes. Fíjate.

Salvador empieza a soplar. El silbato hace un chillido como de muñeca.

SALVADOR
Se supone que así hacen las liebres cuando están heridas… entonces el coyote se acerca buscando comérsela y ¡pum! Te lo echas.

PAULA
(*mirando el silbato*)
¿De dónde lo sacaste?

SALVADOR
Me lo regaló mi papá.

Paula se queda pensativa unos momentos.

PAULA
Me dijo Fernando que se murió en un accidente.

SALVADOR
(*pausa, evoca y contesta*)
Sí, chocamos contra un trailer.

PAULA
(*sorprendida*)
¿Tú ibas con él?

Salvador asiente lentamente. Paula no sabe qué decir.

PAULA
Me imagino que fue horrible.

SALVADOR
No sé, no me acuerdo de nada.

Fernando, que ha estado apretando las tuercas de la llanta, se incorpora y mira a ambos.

INT. CAMIONETA – MAÑANA

Fernando conduce. Salvador en el asiento contiguo.

En el asiento posterior Paula mira el paisaje por la ventanilla.

EXT. GASOLINERA – DÍA

Cruzan por una gasolinera y Fernando se dirige hacia ésta. Es la misma en la cual el padre se detuvo al principio de la película.

Se estacionan.

DEPENDIENTE
¿Cuánto joven?

FERNANDO
(*Saca su cartera y revisa
el dinero*)
Ponle cien…por favor.

El dependiente comienza a llenar el tanque. Salvador se siente extraño, nervioso. Fernando lo mira.

FERNANDO
¿Aquí se pararon?

SALVADOR
(*dubitativo*)
No sé, no me acuerdo…

FERNANDO
¿Sí o no?

SALVADOR
No sé… no sé…

FERNANDO
Tienes que acordarte ¡carajo!

PAULA
¿Qué pasa?

FERNANDO
Que este menso no sabe dónde se detuvo
con mi papá.

PAULA
¿Para qué quieres saber?

Fernando la mira con dureza y no le responde. El dependiente le regresa las llaves a Fernando.

                    DEPENDIENTE
    Listo jefe.

INT. CAMIONETA – MEDIODÍA

La camioneta avanza por la interminable recta. Salvador se le nota cada vez más nervioso. Cruzan por una fonda. Salvador la reconoce.

                    SALVADOR
        Párate, párate…

Fernando se vuelve a su hermano.

                    FERNANDO
        ¿Aquí se pararon?

Salvador asiente.

INT. FONDA – MEDIODÍA

Entran. Vemos el lugar. Sigue igual de modesto. En la pared la misma cabeza de venado torpemente disecada.

Salvador se deja caer en una silla pesadamente. Fernando y Paula lo miran en silencio.

Salvador recorre el lugar con la mirada.

                    SALVADOR
        Esa tarde aquí comimos
                (*repite maquinalmente*)
        Esa tarde…

Fernando se sienta junto a él.

                    FERNANDO
        ¿Seguro?

SALVADOR
Sí, seguro…

Salvador se levanta intempestivamente.

SALVADOR
Ahorita vengo.

PAULA
¿A dónde vas?

Salvador no le contesta y camina hacia el baño.

INT. BAÑO – DÍA

Salvador entra al baño. Está en estado semejante al de aquella vez. Se recarga en una pared y lo contempla.

INT. FONDA – DÍA

Fernando y Paula están sentados en la mesa. Tienen frente a sí un par de refrescos.

FERNANDO
Me tocaba a mí.

PAULA
¿Mande?

FERNANDO
Ese viaje me tocaba a mí, no a Salvador.
Reprobé matemáticas y por eso mi papá
no me llevo.

PAULA
¿A dónde iban?

                    FERNANDO
A cazar venados a Zaragoza, Zaragoza,
Coahuila...

Fernando se queda pensativo un rato y continúa.

                    FERNANDO
Me acuerdo del último día que lo vi, traía
puesta una camisa roja y unos pantalones
de mezclilla... me dijo que si le prometía
sacarme diez en Matemáticas y Física,
me llevaba. Toma un trago de refresco y
sigue.

                    FERNANDO
Fuí a preparar mis cosas y me encontré
con mi mamá. Me preguntó que qué hacía
y cuando le dije se enojó. Fue con mi
papá y le dijo que yo estaba castigado y
que no iba a ir a ningún lado. Mi papá me
defendió pero mi mamá se puso necia. Se
fueron como a las once... y.. Y...

Fernando no dice más. Salvador llega y se sienta en la mesa. No hablan. Se acerca una señorita.

                    SEÑORITA
¿Ya quieren ordenar?

                    FERNANDO
                (a Salvador)
¿Tú quieres algo?

Salvador niega con la cabeza. Fernando le hace a Paula el gesto "de quieres algo" con el mentón y también niega.

                    FERNANDO
¿Cuánto es de los dos refrescos?

                    SEÑORITA
    Cinco pesos.

Fernando saca una moneda y la coloca sobre la mesa. Quedan los tres en silencio.

INT. CAMIONETA – MEDIA TARDE

Van los tres callados. Por primera ocasión Paula viaja en la parte de adelante.

Salvador va mirando el paisaje, con la cabeza recargada sobre la ventanilla.

                    PAULA
    ¿A qué venimos hasta acá?

                    FERNANDO
    Ya te dije, a ver el lugar donde se mató mi
    papá.

                    PAULA
    ¿Nada más?

                    FERNANDO
    Sí, nada más.

Salvador se endereza sobre el asiento.

                    SALVADOR
    No es cierto.

Paula vuelve hacia él. Fernando lo mira por el espejo retrovisor.

                    SALVADOR
    Venimos a buscar al trailero con el que
    chocó mi papá.

PAULA
¿Qué?

FERNANDO
No le hagas caso.

SALVADOR
Ya que mejor lo sepa de una vez, lo queremos buscar para matarlo. Paula se queda asombrada.

PAULA
¿Por qué no me lo dijeron antes?

Fernando sigue sin responderle. Paula insiste en voz alta.

PAULA
Hazme caso güey ¿por qué no me lo dijeron?

Fernando se vuelve hacia ella y la fulmina con la mirada.

FERNANDO
Porque no es tu bronca.

PAULA
(*enojada*)
Tenían que haberme dicho...

FERNANDO
Ya lo sabes ¿no?... y ahora qué ¿le sigues o te rajas?

EXT. CARRETERA – MÁS TARDE

Avanza la camioneta por la carretera. Van los tres callados. Paula con la cabeza recargada en la ventanilla.

Pasan por un páramo por el que cruza un pequeño arroyuelo y donde crecen altos nogales. Es una zona de curvas.

              PAULA
Párate…

              FERNANDO
¿Para qué?

              PAULA
Quiero que te pares aquí, junto al río
              (*pausa*)
Por favor.

Fernando se orilla en la cuneta. Paula gira las llaves para apagar el motor.

EXT. RIO – CONTINUADO

Fernando y Salvador bajan de la camioneta, se quedan un momento en silencio. Paula se baja, cierra la puerta y oprime el control de la alarma.

Suena el "bip" que indica que alarma ha sido conectada. Paula se asoma por una de las ventanillas.

              PAULA
No me tardo.

Se aleja en dirección al río.

              FERNANDO
¿Para qué le dijiste?

              SALVADOR
¿Qué pensabas hacer? ¿Traerla de aquí para allá sin decirle nada?

FERNANDO
No, pensaba botarla en cuanto pudiera.

Salvador empieza a caminar.

FERNANDO
¿A dónde vas cabrón?

Salvador no le responde, se dirigie hacia Paula que está sentada en una roca mirando la corriente.

Paula se vuelve a verlo.

PAULA
Dije que no me tardaba.

Salvador apenado, se detiene. Paula mira el horizonte.

SALVADOR
¿Qué piensas hacer?

Paula no le responde. Mira al sol y cierra los ojos. De pronto da la vuelta y empieza a caminar hacia el vehículo.

PAULA
Vámonos.

Llegan a la camioneta, Paula desconecta la alarma y se sube. Salvador detrás de ella.

Fernando monta en el asiento delantero.

EXT. CARRETERA – DÍA

La camioneta deja el páramo boscoso y se adentra de nuevo en la zona desértica.

INT. CAMIONETA – TARDE

Avanzan lentamente. Tanto Fernando como Salvador van viendo por la ventana.

Por el parabrisas se mira una pequeña cruz del lado derecho. Fernando la señala.

FERNANDO
Ahí es.

Salvador se asoma por la ventanilla.

SALVADOR
Sí, ahí es…

Fernando estaciona la camioneta.

EXT. LUGAR ACCIDENTE – TARDE

Bajan los tres. La pequeña cruz dice: "Fernando Villa – QEPD." Fernando camina hasta la mitad de la carretera y ve hacia ambas direcciones.

Salvador se sienta junto a la cruz, sin hablar.

Fernando comienza a llorar sin grandes aspavientos.

Paula, recargada sobre la camioneta, los mira, conmovida.

Fernando camina hacia el monte y regresa con unas piedras. Las amontona detrás de la cruz.

Se vuelve a ir y repite el mismo procedimiento. Sin decir nada, Paula y Salvador comienzan a ayudarlo.

En una de las idas, Paula escucha un ruido, voltea y se topa a veinte metros la mirada penetrante de un coyote.

Se contemplan el uno al otro unos instantes y el coyote se pierde en la breña.

Forman entre los tres un promontorio de piedras, que señala más marcadamente el lugar.

Al terminar Paula saca la navaja de resorte que recogió en el motel y se dirige a cortar unas ramas verdes de un huizache, las entrelaza y forma una burda corona.

La coloca sobre el improvisado monumento funerario.

Fernando toma un puño de tierra y lo avienta hacia la carretera. Paula camina hasta él y le pone la mano sobre el brazo. El se voltea y se miran sin hablarse. Fernando está abatido. Quiere decir algo y no puede.

INT. CAMIONETA – NOCHE

Fernando y Salvador duermen en la parte trasera de la camioneta.

Paula recostada en el asiento delantero, con los ojos abiertos.

Se escuchan lejanos los aullidos de coyotes. Paula se sienta y ve a los dos hermanos dormir.

Enciende el radio. Busca en el cuadrante y encuentra la canción pegajosa del principio.

La escucha unos segundos y le cambia hasta topar con la Rancherita de Monterrey. Le deja ahí y oye una canción norteña.

Paula le baja el volumen del radio cuando escucha un aullido cercano.

Enciende las luces de la camioneta y observa el paisaje desértico deformado por los haces de los faros.

Unas palomillas vuelan en torno a la luz. Un topacaminos cruza fugar el halo. Fascinada Paula contempla el desierto. Apaga la luz, se voltea y toca suavemente a Fernando en el hombro.

>PAULA
>(*susurrando*)
>Fernando, Fernando…

>FERNANDO
>(*se despierta y se endereza*)
>¿Qué hay?

Paula aguarda un instante antes de responder.

>PAULA
>Le sigo con ustedes

>FERNANDO
>¿De qué hablas?

>PAULA
>De que le sigo hasta el fin pase lo que pase.

>FERNANDO
>No sabes de lo que estás hablando.

>PAULA
>Sí lo sé… Buenas noches.

Paula se acuesta y apaga el radio. Fernando la busca.

>FERNANDO
>Paula…

>PAULA
>Shhh, vas a despertar a Salvador.

EXT. DESIERTO – AMANECER

Paula está sentada sobre una roca entrelazando unas hojas de palma. Junto a ella está una botella de refresco con el contenido a la mitad y una bolsa de panqué Bimbo abierta. Fernando abre la portezuela y amodorrado, la mira. Baja con cuidado y camina hacia ella.

FERNANDO
Quiubo.

PAULA
Quiubo.

FERNANDO
¿Tienes mucho rato despierta?

PAULA
Una media hora.

Paula toma la bolsa de panqué y le ofrece.

PAULA
¿Quieres?

Fernando se sienta junto a ella y coge una rebanada.

Los rayos del sol le dan un aspecto distinto al lugar de como se veía de noche.

Unas palomas de ala blanca cantan en la lejanía.

FERNANDO
Lo que me dijiste anoche ¿lo soñé o fue verdad?

PAULA
(*incorporándose*)
Lo soñaste.

Le muestra el trabajo que ha estado haciendo.

> PAULA
> Mira, estoy haciendo una bolsa.

> FERNANDO
> ¿Por qué lo haces?

> PAULA
> Me gustan las bolsas.

> FERNANDO
> Tú sabes de lo que hablo.

> PAULA
> Las cosas siempre son distintas a como uno piensa que son ¿no crees?

> FERNANDO
> Esto va en serio, no estamos jugando.

> PAULA
> Yo tampoco.

Intercambian una mirada y ella continúa con su trabajo.

INT. CAMIONETA – MAÑANA

Acomodan sus cosas nuevamente en el coche. Se preparan para partir.

> FERNANDO
> ¿Traes más dinero?

> PAULA
> Qué, ¿piensas atropellar otro perro?

Los tres ríen.

PAULA
Ya te di todo el que traía.

Fernando se le queda mirando. Paula mete su mano al pantalón y saca unos billetes.

PAULA
Es todo lo que tengo.

FERNANDO
No seas cuentera, andale: todo.

Paula saca un billete más y se lo entrega. Hace el gesto de "ya no más" levantando las manos.

EXT. CARRETERA – DÍA

La camioneta topa de nuevo con un retén.

INT. CAMIONETA – DÍA

Se percatan del retén. Sin que nadie diga más, Paula toma la pistola de debajo del asiento y se la esconde en la cintura. Guarda las otras balas en su pantalón.

Un judicial se aproxima. Fernando abre la ventanilla.

JUDICIAL
Buenos días jóvenes.

FERNANDO
Buenas…

JUDICIAL
¿A dónde se dirigen?

FERNANDO
(*con seguridad*)
A Piedras Negras.

El oficial escudriña por las ventanillas.

> JUDICIAL
> ¿A qué va allá?

> PAULA
> A ver a mi tía María.

El judicial vuelve a asomarse y les da el paso.

> JUDICIAL
> Adelante.

El carro avanza unos metros y ya lejos del retén sueltan la carcajada.

INT/EXT. CARRETERA ENTRADA PIEDRAS NEGRAS – DÍA

Vemos la camioneta entrar a la ciudad de Piedras Negras.

EXT. MOTEL DE PASO – DÍA

Fernando enfila el vehículo al estacionamiento de un motel de paso.

> PAULA
> ¿Otro motel de estos?

> FERNANDO
> *(molesto, le irrita que*
> *Paula lo diga)*
> ¿Qué esperabas princesa?

> PAULA
> Un lugar donde pueda dormir bien,
> bañarnme bien y comer bien.

FERNANDO
No nos alcanza para tanto.

Paula mete su mano dentro de su blusa y saca tres billetes de cien.

PAULA
Yo los invito.

SALVADOR
(*sonriente*)
Cabrona.

PAULA
No, bruja.

EXT. HOTEL TRES ESTRELLAS – DÍA

Se estaciona la camioneta frente a un hotel regular. Entran los tres. Fernando se dirige a la recepcionista.

FERNANDO
Nos da dos cuartos por favor.

La recepcionista saca unas formas. Paula interviene.

PAULA
Un cuarto.

Fernando y Salvador se vuelven a mirarla, desconcertados. Paula reitera.

PAULA
Un cuarto por favor, señorita.

La recepcionista guarda una de las formas y deja otra sobre el mostrador.

RECEPCIONISTA
Son cien pesos.

Paula coloca un billete de cien sobre el mostrador y le entrega los dos billetes a Fernando.

PAULA
Ahora sí se me acabo.

INT. HABITACIÓN HOTEL – DÍA

Salvador está recostado sobre una cama. Ven la televisión. Paula sobre la otra. La habitación no es muy lujosa, pero tiene las suficientes comodidades: aire acondicionado, televisión, teléfono. Se escucha la regadera.

SALVADOR
¿Extrañas a Eduardo?

PAULA
(*se hace la loca*)
Eduardo, Eduardo, me suena el nombre.

SALVADOR
En serio ¿lo extrañas?

PAULA
No sé, a veces sí, a veces no… pero más bien yo creo que no.

Sale Fernando del baño. Se le nota limpio, con cambio de ropa y el cabello empapado. Fernando arruga la nariz.

FERNANDO
Aquí huele a chivo.

PAULA
Muy limpicecito ¿no?

Paula se mete al baño y cierra la puerta. Fernando se sienta junto a Salvador.

>FERNANDO
>¿Cómo ves? ¿La dejamos?

>SALVADOR
>¿Por?

>FERNANDO
>Está no es su bronca, para que meterla en problemas.

>SALVADOR
>Pero ella ya te dijo que le seguía...

>FERNANDO
>Sí, pero puede regarla, ponerse nerviosa...

>SALVADOR
>¿No confías en ella?

>FERNANDO
>No sé...

>SALVADOR
>Pues si ella no va, yo tampoco.

>FERNANDO
>No te azotes.

>SALVADOR
>De verdad, te lo digo.

>FERNANDO
>Okay, okay...

Se levanta un poco contrariado. Camina a la puerta y la abre.

                        FERNANDO
                   Voy a buscar algo de tomar.

Sale. Paula abre la puerta del baño en toalla a buscar un shampoo al lavabo. Salvador la ve de reojo, finge ver la televisión. Paula deja entreabierta la puerta mientras cuelga la toalla. Deja descubierto su cuerpo desnudo, por el espejo Salvador la contempla, respira agitado.

INT. CAMIONETA – TARDE

La camioneta avanza despacio. Entre los tres buscan las nomenclaturas de las calles de Piedras Negras.

                        FERNANDO
                   ¿Cuál es esa?

                        SALVADOR
                   Juárez.

                         PAULA
                   ¿Cuál buscan?

                        FERNANDO
                   Avenida Padre de las Casas Norte.

Continúan buscando. De pronto Paula exclama.

                         PAULA
                   Esa es, esa es, a la izquierda.

Fernando gira el volante a la izquierda.

EXT. CALLES CIUDAD – TARDE

La camioneta avanza dos cuadras. Pasan frente a una casa modesta, con la pintura descascarada y que ostenta el número 213. Fernando desacelera.

INT. CAMIONETA – TARDE

FERNANDO
Ahí vive.

Paula y Salvador voltean. Fernando acelera. Se tensa, aferra manos al volante.

INT. RESTAURANTE – NOCHE

Salvador y Fernando están cenando en una cafetería. Un tercer lugar puesto en la mesa, se halla vacio, frente al cual se encuentra un TopoChico a la mitad y un machacado con huevo.

Los hermanos cenan en silencio. Paula llega y se sienta.

SALVADOR
¿Qué pasó?

PAULA
No contestan.

FERNANDO
¿Marcaste bien?

PAULA
Sí: 2 – 23 – 49, hasta me lo aprendí de memoria.

FERNANDO
(*molesto*)
¿No nos estarás diciendo mentiras?

PAULA
(*engallada*)
Si no me crees, ve a hablar tú.

Paula le avienta una moneda de a peso junto a su plato. Fernando se la regresa. Baja la mirada.

> SALVADOR
> ¿Se habrá cambiado?

Fernando levanta la cabeza y suspira.

INT. HABITACIÓN HOTEL TRES ESTRELLAS – NOCHE

Fernando y Salvador duermen en una cama, Paula en la otra.

Fernando se sienta sobre el borde del colchón, enciende la lámpara lateral y toma el teléfono.

Marca un número. Lo deja sonar varias veces y no le contestan. Cuelga con desaliento.

Se talla los ojos y contempla la espalda y la nuca de Paula, que tersos aparecen por entre las sábanas. Le hace una pequeña caricia. Ella se voltea, sin despertarse. El apaga la luz y se recuesta de nuevo.

EXT. CALLE – DÍA

Salvador y Fernando están subidos en la camioneta, la cual se halla estacionada a una cuadra de la calle. Esperan.

Llega Paula y se sube.

> PAULA
> Nada, no contesta.

> SALVADOR
> ¿Se habrá ido a vivir al otro lado?

> FERNANDO
> ¿A Eagle Pass? Quién sabe.

PAULA
No creo que esté lejos.

SALVADOR
(*extrañado*)
¿Por?

PAULA
Ahora que pasé por su casa me fijé que
una de las ventanas de arriba está abierta.

FERNANDO
¿Crees que nos podemos meter por ahí?

EXT. CALLE – MÁS TARDE

Se hallan estacionados frente a la casa del trailero.

Fernando y Paula, distanciados unos metros, vigilan discretamente la calle.

Salvador camina guardando el equilibrio por una barda muy alta, alcanza la ventana, termina de abrirla y se mete.
Ve a Fernando, quien le señala la puerta principal. Unos segundos después vemos como se abre la puerta.

INT. CASA TRAILERO – DÍA

Entran Fernando y Paula. Fernando saca la pistola y se pone al frente.

INT. SALA CASA TRAILERO – DÍA

Caminan por la sala. La casa está amueblada modestamente.

INT. COCINA CASA TRAILERO – DÍA

Pasan por la cocina. Un gato los asusta. Se calman y siguen explorando.

Paula abre el refrigerador, hay leche, huevos, un queso, unas Coca – Colas.

>PAULA
>(*susurrando*)
>Alguien vive aquí…

Cierra la puerta del refrigerador y va a la estufa, hay una olla con una sopa de fideo y pollo.

INT. ESCALERAS CASA TRAILERO – DÍA

Suben las escaleras y se encaminan a las habitaciones.

INT. RECÁMARA PRINCIPAL CASA TRAILERO – DÍA

Paula entra a la recámara principal. En un espejo grande descubre varias fotos del trailero con una mujer, con unos niños, en una playa, junto a un trailer, vestido de frac.

Más adelante descubre un retrato de una mujer firmando: "Para Lucio, con amor, Amelia." El retrato está colocado enfrente de cuatro veladoras apagadas.

Las fotografías continúan a lo largo del espejo entre tarjetas postales, cerillos e invitaciones de boda.

Paula se dispone a dejar de verlas cuando se percata de unos recortes de periódico con una veladora.

Se acerca y lee los titulares: "Tremendo accidente en la México – Piedras Negras: un muerto."

Abajo viene una fotografía con la leyenda: "El arquitecto Fernando Villa, originario de la Ciudad de México, fallece tras terrible choque. Sobrevive milagrosamente su pequeño hijo."

Paula los llama.

>   PAULA
> Vengan.

Llegan y Paula les señala con el índice el recorte. Fernando lo mira con sorpresa y rabia.

Paula desprende el recorte, lo dobla con cuidado y lo guarda.

EXT. CASA TRAILERO – DÍA

Paula emerge primero de la casa. Mira a ambos lados de la acera. Les hace la seña de que salgan.

Fernando y Salvador salen apresurados y se suben a la camioneta.

Fernando va visiblemente turbado. Salvador sin habla.

EXT. CABINA TELEFÓNICA – DÍA

Vemos a Salvador marcando por teléfono, repiquetea y nadie contesta.

EXT. CALLE FRENTE A CASA TRAILERO – TARDE

Fernando y Paula, desde puntos distantes, vigilan la casa.

EXT. CABINA TELEFÓNICA – DÍA

Paula marca un número, repiquetea, no contestan.

EXT. HOTEL TRES ESTRELLAS – DÍA

Salen del hotel tres estrellas con sus maletas.

EXT. MOTEL DE PASO – DÍA

La camioneta llega al mismo motel por el que antes habían pasado.

INT. CUARTO HOTEL DE PASO – NOCHE

La habitación es bastante modesta, sin embargo cuenta con una vieja televisión, un teléfono, dos camas matrimoniales y un buró sencillo.

Paula se encuentra sola, recostada sobre la cama. Ve "Al filo del amor." Parece no prestarle demasiada atención. La apaga.

Se sienta junto al buró y marca un número telefónico. Suena cuatro veces y cuando está a punto de colgar escucha una voz masculina.

VOZ (O.S.)
Bueno…

Paula se sobresalta. Cuelga ofuscada. Respira. Vuelve a marcar. Es la misma voz: la da un hombre de sesenta años, carraspeada, fuerte.

VOZ (O.S.)
Bueno, bueno… ¿quién habla? Bueno…

Paula no dice palabra y cuelga lentamente el auricular.

EXT. CASA TRAILERO – DÍA

Fernando, recargado en un poste, vigila la puerta de entrada.

Más adelante, se halla estacionada la Suburban. Montados en ella se hallan Salvador y Paula.

La puerta de la casa se abre y aparece un hombre alto, robusto, de pelo entrecano.

Cierra la puerta y echa a andar.

A lo lejos, Fernando clava la mirada en él y comienza a seguirlo.

EXT. CALLE CIUDAD – DÍA

El hombre pasea por la calle. Fernando lo sigue al otro lado de la acera, se le ve nervioso.

El trailero cruza frente a la Suburban.

INT. CAMIONETA – DÍA

Del lado del volante se encuentra Paula, del otro Salvador. Salvador, lo reconoce.

                    SALVADOR
  Ese es, ese…

Paula se vuelve a mirarlo discretamente. El hombre transita junto a ellos y sigue de largo.

                    PAULA
  ¿Estás seguro?

                    SALVADOR
  Segurísimo.

Fernando se asoma por la ventanilla, respira agitado, su mandíbula tiembla ligeramente.

                    FERNANDO
    (*imperativo, a Salvador*)
  Dáme la pistola.

SALVADOR
(*asorado*)
¿Lo vas a matar?

FERNANDO
Dámela.

PAULA
Espérate, no te aloques.

Salvador busca debajo del asiento y no la encuentra.

Exasperado Fernando abre la portezuela y empieza él a buscarla.

El trailero se aleja. Fernando encuentra la pistola. Paula se aferra a su muñeca.

PAULA
No te aloques, ¡Chingados!

Fernando trata de zafarse y Paula no lo deja.

Salvador, en medio, no sabe qué hacer.

Fernando logra soltarse y cuando vuelve su mirada al trailero descubre que éste habla con unas mujeres y después entra a una casa.

FERNANDO
(*mira a Paula furioso*)
¡Pendeja!

EXT. CALLE – TARDE

Los tres se encuentran al final de una calle, en los límites de la ciudad con el desierto.

Han dejado las luces encendidas y se hallan sentados sobre el cofre, bebiendo refrescos y comiendo papas fritas.

Se les nota abatidos, cansados. Fernando habla con la mirada perdida.

> FERNANDO
> (*habla casi para sí mismo*)
> Lo tuvimos así de cerca…

> PAULA
> Nos hubieran agarrado si le disparas, había mucha gente… Fernando mira a Paula con dureza.

> FERNANDO
> ¿De qué lado estás?

> PAULA
> (*meneando la cabeza*)
> Como eres necio, carajo.

Salvador, que parece ajeno a la conversación, se vuelve hacia su hermano. Habla con voz suave a la vez firme.

> SALVADOR
> Tiene razón Paula.

> FERNANDO
> ¿Qué?

> SALVADOR
> No puedes matarlo así nomás en la calle.

> FERNANDO
> (*sarcástico*)
> Entonces qué ¿lo mato a domicilio?

> SALVADOR
> No, hay que llevárnoslo lejos, donde no
> haya bronca.

Fernando piensa replicar, pero Salvador continúa hablando.

> SALVADOR
> Lejos, Fernando, lejos ¿de acuerdo?

Fernando asiente.

EXT. CASA TRAILERO – DÍA

Fernando está recargado sobre la pared de la casa del trailero.

A unos metros se encuentra estacionada la camioneta. Paula al volante. Salvador a su lado.

Fernando tiene entre sus manos un suéter. Sale el trailero y Fernando se le acerca decidido.

El trailero se sorprende por la presencia de Fernando.

> TRAILERO
> Buenos días…

Fernando no dice nada y se detiene frente a él. Se le nota sumamente nervioso.

> TRAILERO
> ¿Se le ofrece algo?

Fernando deja la pistola asomarse por debajo del suéter.

> FERNANDO
> Súbase a la camioneta.

El trailero mira rápidamente la camioneta y vuelve sus ojos a Fernando.

                    TRAILERO
　¿Qué pasa?

                    FERNANDO
　Súbase ya…

                    TRAILERO
　No traigo nada de valor, joven.

Fernando saca descaradamente el arma y la alza a la altura de su rostro. El suéter cae.

El trailero se dirige hacia el vehículo y se sube.

INT. CAMIONETA – DÍA

Fernando lo encañona.

                    FERNANDO
                    (*a Paula*)
　Vámonos.

Paula arranca con brusquedad y a los cuantos metros enfrena dejando la camioneta a mitad de calle.

                    SALVADOR
　¿Que…

                    PAULA
　El suéter…

EXT. CALLES CIUDAD – DIA

Paula baja corriendo por el suéter, lo recoge y se trepa de nuevo a la camioneta, para luego partir a toda velocidad.

INT. CAMIONETA – DÍA

                    FERNANDO
    ¿Estás loca?

                    PAULA
    ¿Qué querías? ¿Que este tipo desaparezca
    en su lugar quede mi suéter?

EXT. CALLES CIUDAD – DÍA

La camioneta recorre rauda las tranquilas calles de Piedras Negras.

El semáforo se pone en rojo y un automóvil se detiene enfrente de ellos. Paula apenas logra frenar.

                    TRAILERO
    ¿Qué pasa? ¿A dónde me llevan?

                    FERNANDO
                    (*lo encañona*)
    Cállate cabrón.

Paula acelera en cuanto pasan el semáforo. Se detiene confundida en una intersección.

                    FERNANDO
                    (*al trailero*)
    ¿Por dónde salimos de la ciudad?

El trailero no contesta.

                    FERNANDO
    ¿Por donde salimos?

El trailero mira a Fernando con furia. Fernando presiona el cañón a su rostro.

                    TRAILERO
        A la derecha.

                    FERNANDO
        Cuidado y nos digas mal el camino.

Paula gira el volante a la derecha, al pasar unas cuadras se detiene.

                    PAULA
        ¿Y ahora?

El trailero no contesta. Fernando amartilla el arma.

                    FERNANDO
        Contesta.

El trailero respira agitado. Intercambia una mirada con Fernando.

                    TRAILERO
        A la izquierda y en la esquina a la derecha.

                    FERNANDO
        No te vayas a equivocar cabrón.

EXT. CALLES CIUDAD – DÍA

Entroncan con una carretera angosta. Paula la toma.

EXT. CARRETERA ANGOSTA – DÍA

A unos cuantos kilómetros topan con una brecha.

INT/EXT. CAMIONETA – DÍA

                    FERNANDO
        Párate.

Paula enfrena el vehículo.

> FERNANDO
> (*al trailero*)
> ¿A dónde va esta brecha?

> TRAILERO
> Es la que bordea el Río Bravo.

Fernando le hace la seña a Paula de que siga por ahí.

EXT. BRECHA – DÍA

La camioneta se enfila por la brecha. Levanta polvo a su paso.

La brecha entronca con el río Bravo.

La camioneta avanza un gran trecho. Se detienen bajo un macizo de huizaches.

INT. CAMIONETA – DÍA

> FERNANDO
> (*al trailero*)
> Bájate y no trates de pelarte porque te
> trueno cabrón…

El trailero se baja y Fernando detrás de él sin dejar de apuntarle un solo segundo.

EXT. DESIERTO – DÍA

El trailero y Fernando quedan junto a la camioneta. Salvador se apea llevando una cuerda en las manos.

> FERNANDO
> (*a Salvador*)
> Amárralo a aquel árbol.

Caminan hacia el árbol.

SALVADOR
Las manos átras…

El trailero lo mira desafiante. Fernando lo encañona.

El trailero se sienta de espaldas al tronco y coloca susm manos átras.

Salvador se las amarra con fuerzas.

TRAILERO
Me estás cortando.

SALVADOR
Cállese.

Paula llega con otra cuerda y Salvador ata al trailero alrededor de la cintura. El trailero mira a Fernando.

TRAILERO
¿Qué se traen?

Fernando no le hace caso y vuelve los ojos hacia otro lado.

El trailero patea el piso y llena de tierra el pantalón de Fernando, quien no le responde.

El trailero habla ahora con Paula.

TRAILERO
¿Qué quieren? ¿Dinero? No tengo, saben.

FERNANDO
¿Tengo cara de necesitar dinero?

El trailero lo observa desconcertado.

FERNANDO
¿Tenemos cara? ¿Eh? Dime ¿Tenemos cara?

El trailero abandona su tono retador.

TRAILERO
¿Entonces? ¿Qué quieren?

Paula se le acerca, saca el recorte de periódico, lo desdobla y lo coloca sobre las piernas del trailero.

El trailero mueve su cabeza, incrédulo.

TRAILERO
No puede ser carajo.

Fernando lo encara.

FERNANDO
No puede ser qué, hijo de tu puta madre.

TRAILERO
Fue un accidente…

Fernando toma la fotografía y la coloca delante de los ojos del trailero.

FERNANDO
Tú lo mataste…

TRAILERO
Yo no…

SALVADOR
(*consternado*)
Fue su culpa, su culpa…

TRAILERO
No fue culpa de nadie, fue un accidente,
un simple accidente.

Fernando da dos pasos hacía atrás, saca el revolver, lo percute y le apunta.

FERNANDO
Simple tu puta madre...

El trailero jala aire a bocanadas, nerviosísimo y asustado. Transpira, pero no le quita la mirada a Fernando.

SALVADOR
Fue su culpa, su culpa...

Paula mira expectante. Fernando da un paso hacia adelante. Parece decidido a matarlo.

FERNANDO
Tú lo mataste.

El trailero baja la mirada y agacha la cabeza, temiendo el disparo inminente.

TRAILERO
No, no, no...

El trailero respira agitado. Vuelve a mirar a Fernando. Fernando sostiene unos segundos más el arma y termina por bajarla.

FERNANDO
Pinche maricón...

Guarda el arma en el cinto y se retira. Paula y Salvador lo siguen.

El trailero respira hondo.

EXT. DESIERTO – MEDIODÍA

Se escucha a lo lejos el rumor silencioso del Río Bravo.

A un lado de la camioneta se encuentran Paula, Salvador y Fernando.

Rodean una fogata en la cual se halla un sartén con unas tortillas con frijoles.

De vez en vez Salvador los mueve con una pala.

A unos diez metros, de espaldas a ellos y sin poder verlos, se encuentra el trailero.

Salvador saca los burritos y los sirve en tres platos. Se los entrega a Paula y Fernando.

> PAULA
> ¿Le vamos a dar de comer?

> FERNANDO
> No.

Salvador toma la pistola, misma que se halla recargada sobre una piedra, la guarda en la cintura y llevando un plato va hasta el trailero.

Se sienta en una roca y comienza a comer.

El trailero lo mira y trata de hacerle plática.

> TRAILERO
> Hace calor ¿verdad?

Salvador no le contesta y se limita a asentir con la cabeza.

El trailero ensaliva sus labios.

> TRAILERO
>
> ¿Me puedes traer agua? Por favor.

Salvador deja su plato y camina hacia el campamento. Toma una taza y sirve agua.

> FERNANDO
> (*a Salvador*)
>
> ¿Qué haces?

> SALVADOR
>
> Le voy a dar agua.

> FERNANDO
>
> No.

> SALVADOR
>
> ¿Lo piensas matar de sed?

> FERNANDO
>
> Me vale madres como se muera.

Salvador esquiva a su hermano y le lleva agua al trailero. Le da de beber.

El trailero traga el agua con desesperación. Una gran parte se derrama sobre su ropa.

Al terminar el trailero pide más.

> TRAILERO
>
> ¿Puedes regalarme otra poca?

> SALVADOR
>
> No.

Salvador va a sentarse a la piedra, toma su plato y comienza a comer.

EXT. DESIERTO – TARDE

Comienza la tarde.

Paula y Salvador están sentados dentro de la camioneta con las puertas abiertas, escuchando música y han dejado la pistola en el parabrisas, a su alcance.

EXT. ARBOL – CONTINUADO

El trailero suda, su camisa se halla empapada.

Mueve la cabeza hacía los lados en un intento de espantar las moscas y mosquitos.

INT. CAMIONETA – CONTINUADO

                PAULA
Cada vez me late más.

              SALVADOR
¿Qué?

Paula señala el radio.

                PAULA
La Rancherita de Monterrey.

Salvador sonríe complacido.

                PAULA
¿Qué música te gusta?

              SALVADOR
(*pensativo*)
El rock: U2, Red Hot Chilli Peppers,
a veces Metallica y, aunque no lo creas,
Elvis Presley.

PAULA
(*ríe*)
¿Presley? Esa música es de rucos.

SALVADOR
Le gustaba a mi papá, por eso me gusta ¿y a ti?

PAULA
A estas alturas ya no sé qué me gusta.

Ríen. De pronto Paula mira algo moverse entre el monte.

PAULA
Mira.

Es un coyote. Salvador le apaga al radio y de la cajuelita de guantes saca el reclamo.

SALVADOR
A ver si es cierto que ésto funciona.

Sin moverse de su asiento (el del conductor) Salvador empieza a reclamar. Sopla unos segundos y cuando está a punto de desistir, Paula señala al coyote.

PAULA
(*en voz baja*)
Se está acercando.

Salvador vuelve a reclamar. Emocionada Paula observa los matorrales en busca del predador. El coyote aparece a menos de doce metros de la camioneta.

PAULA
Síguele.

Paula se baja de la camioneta con cautela, se agacha y va por la pistola.

Regresa y ve al coyote que estupefacto busca el origen de los chillidos.

Paula alza lentamente el revolver, apunta y dispara.

El coyote sale huyendo, pero Paula tiene tiempo de disparar otra vez. El coyote parte aullando de dolor.

                         PAULA
    Le dí, le dí..

Fernando llega de prisa.

                       FERNANDO
    ¿Qué pasó?

                         PAULA
            (*emocionada*)
    Le pegué a un coyote…

                       SALVADOR
    Sí, Paula cazó un coyote…

Furioso Fernando le quita la pistola.

                       FERNANDO
    ¿Están locos o qué? ¿Quieren que todo el
    mundo se entere de que estamos aquí?

Se escuchan los aullidos de dolor del coyote que se aleja. Vemos al trailero que respira agitado.

EXT. DESIERTO – TARDE

Salvador y Paula cocinan junto a la fogata.

Fernando, sentado en una piedra, bebe un refresco mientras vigila de reojo al trailero. Tiene la pistola en su regazo.

El trailero mueve el cuello repetidas veces, como si algo le molestara. Se rasca contra el tronco.

Después de varios intentos trata de voltear a ver Fernando, quien se encuentra detrás de él, fuera de su alcance visual.

                TRAILERO
    Oye, oye…

Fernando no le contesta. El trailero insiste.

                TRAILERO
    Psst, oye…

Fernando se levanta y se coloca frente a él.

                FERNANDO
    ¿Qué quieres?

                TRAILERO
    Algo se me metió dentro de la camisa y
    me está picando… me lo quitas por favor.

Fernando camina hacía el trailero y se asoma por la nuca sudorosa del hombre.

                FERNANDO
    ¿Dónde?

                TRAILERO
    Abajo, por el hombro.

Fernando levanta su camisa y nota un gorgojo que camina por la espalda del trailero. Se lo quita y lo avienta a un lado.

El trailero lo mira agradecido.

                TRAILERO
    ¿Cómo te llamas?

> **FERNANDO**
> ¿Qué te importa?

> **TRAILERO**
> ¿Fernando?

El trailero sonríe, Fernando lo mira extrañado.

> **TRAILERO**
> Si ¿verdad? Como tu papá… te pareces mucho a él.

Fernando se engalla y lo encara.

> **FERNANDO**
> Mi papá era mucho más que una fotografía cabrón ¿Como sabes que me parezco a él?

El trailero queda en silencio unos instantes, baja la mirada y vuelve a levantarla.

> **TRAILERO**
> Porque esa fotografía la he soñado todas las noches desde entonces…

Fernando es ahora quien baja la mirada.

EXT. DESIETO – NOCHE

Es una noche clara. Se escucha lejano el aullido de coyotes.

La luna ilumina tenuemente el lugar. Salvador se encuentra dormido dentro de la camioneta.

Alrededor de la fogata platican Paula y Fernando. El trailero, con los ojos abiertos, trata de escuchar su conversación.

Paula acerca una bolsa y de su interior saca una víbora de cascabel. Arranca un pedazo y comienza a masticarlo.

> PAULA
> Deberías probarla.

> FERNANDO
> ¿Qué tal sabe?

> PAULA
> Bien… mejor si le pones limón.

Fernando coge la víbora. Arranca un pedazo, le pone limón y se lo mete a la boca. Lo mastica con cuidado y demuestra que le ha agradado. Paula sonríe.

> FERNANDO
> Mi papá me daba probar de todo:
> iguana, tlacuache, ardilla, liebre, venado,
> codorniz, decía que había que saborear de
> todo, oler de todo, ver de todo…

> PAULA
> Era buena onda tu papá ¿verdad?

> FERNANDO
> Sí, mucho… muy alivianado.

Se quedan callados unos instantes. Fernando mira a Paula.

> FERNANDO
> ¿Y tu mamá?

> PAULA
> ¿Mi mamá? Se murió cuando yo era una
> bebé. Todo lo que se de ella es lo que han
> platicado o por fotos. Mi papá dice que

me parezco mucho a ella. Tu por lo menos
conociste a tu papá.

FERNANDO
Quizás lo mejor hubiera sido nunca
conocerlo.

Vuelven a quedar en silencio. Ambos pensativos. Paula triste.

Fernando le levanta el mentón y la mira unos segundos. Comienzan a besarse. Sus besos son cada vez más intensos.

El trailero escucha sus gemidos suaves.

Paula se detiene. Respira agitada. Contempla el rostro de Fernando.

FERNANDO
¿Qué pasó?

Paula lo contempla unos segundos más.

PAULA
Nada…nada…

Vuelven a besarse. Lentamente se desnudan.

Paula se acuesta sobre la manta en la cual se encontraban sentados y le dice a Fernando al oído.

PAULA
Despacio… por favor… es mi primera
vez.

Vemos la cara del trailero que no puede mirar atrás de él y escucha a Fernando y Paula haciendo el amor.

EXT. DESIERTO – MAÑANA

Desayunan los tres panqué con agua. En el fuego hierve agua.

Los rayos de sol iluminan tenuemente el lugar. Paula lleva dos rebanadas de panqué y un vaso con agua al trailero.

Se acuclilla junto a él.

                    PAULA
Aquí tiene…

                    TRAILERO
¿No me van a desamarrar siquiera para comer?

                    PAULA
No.

                    TRAILELRO
¿Ni para ir al baño?

                    PAULA
Cuando le den ganas veremos.

                    TRAILERO
Tengo ganas desde ayer… me aguanté toda la noche.

                    PAULA
Coma primero.

Paula acerca una rebanada de panqué al trailero y éste la muerde. Mastica y al terminar le dice a Paula.

TRAILERO
(*en tono de mofa ligera*)
Bonita noche la de anoche, ¿verdad?

PAULA
(*con desconfianza*)
Sí, se veían las estrellas.

El trailero le da otra mordida al panqué. Traga y continúa.

TRAILERO
Se nota que tu novio te quiere.

Paula lo mira unos instantes.

PAULA
No es mi novio.

TRAILERO
(*confundido*)
¿Entonces?

PAULA
(*con seguridad*)
Es mi hermano.

El trailero se turba. Paula le coloca una rebanada de panqué enfrente de la boca para que la muerda. Se pone de pie.

PAULA
Ahorita le digo a mi hermano que lo
desamarre para llevarlo al baño.

EXT. DESIERTO ARBOLES – DÍA.

El trailero orina parado junto a un árbol. Mira de reojo a Fernando que, tres pasos atrás, le apunta con la pistola directamente a la cabeza.

TRAILERO
¿Al rato me vuelves a dar chance?

Fernando alza los hombros. Caminan unos pasos y el trailero se detiene.

Con su mano señala un bulto triado entre unos nopales. Es el coyote herido por Paula.

Está inconsciente, respirando como fuelle. Fernando no baja un instante su pistola. El coyote tiene un boquete en la parte trasera del lomo. Tiene el costado lleno de sangre y moscas.

TRAILERO
¿No lo vas a rematar?

FERNANDO
No.

TRAILERO
De todos modos no tarda en morirse.

Caminan rumbo al campamento. El trailero se detiene y mira a Fernando a los ojos.

TRAILERO
¿Qué piensan hacer conmigo?

Fernando no le responde y con la pistola le hace el gesto de que siga adelante. El trailero toma aire.

TRAILERO
Te ves de buena familia, gente de bien
¿por qué no me dejas ir y nos olvidamos
de todo esto?

Fernando no le responde. Su mirada se endurece.

> FERNANDO
> Camínale.

El trailero no se mueve de su lugar. Fernando alza el arma y le apunta directamente al pecho.

El trailero se da la vuelta y prosigue con su camino.

EXT. DESIERTO – DÍA

Están sentados los tres muertos de calor. Sudan copiosamente.

> PAULA
> Qué calor carajo ¿por qué no vamos a nadar al río?

> SALVADOR
> Orale, me late.

> FERNANDO
> Vayan ustedes, yo me quedo a cuidarlo.

Paula va a la camioneta y saca un traje de baño y unos shorts.

> PAULA
> Yo sí me vine preparada chamacos.

Le avienta el short a Salvador.

> PAULA
> A ver si te queda.

EXT. RÍO – DÍA

Salvador y Paula se cambian de ropa en lugares distantes y protegidos por matorrales. Se encuentran a la orilla del Río Bravo.

SALVADOR
¿Estará hondo?

PAULA
No sé… ¿sabes nadar?

SALVADOR
Más o menos ¿y tú?

PAULA
Fui campeona en la secundaria. Yo te cuido, vente, vámonos de "shopping" a Estados Unidos.

Cruzan el río y descansan en el lado estadunidense.

EXT. LADO AMERICANO – DÍA

PAULA
Qué fácil cruzar la frontera. Una nadadita y estás acá, otra nadadita y estás allá.

SALVADOR
(*mira hacia los E.U.*)
Pensar que de aquí para allá todo cambia… es otro mundo.

PAULA
Así me gustaría que fuera la vida: que supieras exactamente donde termina una cosa y empieza otra.

Paula se levanta y empieza correr hacia el río.

PAULA
A ver quien llega primero a México.

Los vemos chapotear un rato.

EXT. LADO MEXICANO – DÍA

Salen del lado mexicano y se sientan a descansar. Paula camina unos pasos, mientras Salvador contempla la corriente.

Paula lo llama.

                    PAULA
     Salvador.

Salvador se voltea a verla. Paula se quita el sostén del bikini y queda medio desnuda. Salvador la contempla excitado y desconcertado.

                    PAULA
     Ya nunca más me vuelvas a espiar.

Paula se quita el resto del bikini y queda por completo desnuda.

                    PAULA
     Para la próxima, si quieres verme desnuda,
     solo tienes que pedírmelo.

Salvador se incorpora y se coloca junto a ella. Respira agitado. Incrédulo la mira de arriba a abajo.

Paula se le acerca y le da un beso en la mejilla.

                    PAULA
     Vámonos.

Recoge su bikini y desnuda se aleja por el desierto hacía donde se halla el resto de su ropa.

Visiblemente turbado, Salvador la contempla partir.

EXT. DESIERTO – TARDE

Paula duerme sobre el asiento delantero de la camioneta. Fernando sobre la cajuela.

Salvador cuida al trailero.

> TRAILERO
> Me desamarras. Tengo ganas de ir al baño.

> SALVADOR
> Espérese a que se despierte mi hermano.

> TRAILERO
> ¿Y mientras qué hago?

> SALVADOR
> Aguántese un rato.

Guardan en silencio unos segundos.

> TRAILERO
> ¿Por qué no me sueltas de una vez?

Salvador niega con la cabeza.

> TRAILERO
> Suéltame y me voy rápido sin que tu hermano se de cuenta.

> SALVADOR
> No.

El trailero escudriña su rostro con cuidado.

> TRAILERO
> Tú eras el que ibas en el coche ¿verdad?

Salvador asiente.

> TRAILERO
> Entonces tú sabes que fue un accidente,
> que pasó por...

> SALVADOR
> Sí, lo sé... sé que fue un accidente.

> TRAILERO
> Ahí está, lo sabes... no fue a propósito
> ¿no es cierto? Me quedé dormido, estaba
> cansado, llevaba tres días trabajando sin
> parar ¿tienes idea de lo que es eso?

> SALVADOR
> Me lo imagino.

> TRAILERO
> No puedo vivir tranquilo desde
> entonces... me ha preocupado su
> situación...

Salvador lo mira con rabia. Su rostro se tensa.

> SALVADOR
> Mentira, mentira... a usted solo le
> preocupó salir corriendo, dejarnos
> atrapados entre los fierros...

> TRAILERO
> Entiende que...

> SALVADOR
> (*empieza a alzar la voz*)
> Con mi papá lleno de sangre, muriéndose
> y yo queriendo salir del coche para
> ayudarlo y usted se asomó y me nos vio

ahí, heridos y le rogué que nos ayudara y
se fue, chingados, huyendo como una rata
y no me ayudó a salir…

TRAILERO
Cálmate, yo no podía…

SALVADOR
Y apestaba todo a gasolina y mi papá
trataba de hablarme y se ahogaba, se
ahogaba con su sangre y jalaba aire y yo
no podía salir…

Paula y Fernando se despiertan con los gritos. Llegan corriendo y encuentran a Salvador trastornado.

SALVADOR
Y usted huyo y lo dejó morirse y él estaba
lleno de sangre…

FERNANDO
¿Qué pasa?

SALVADOR
(*llorando*)
Este cabrón se fue y nos dejó solos y no nos
ayudó y mi papá jalaba aire y se moría…

Salvador no puede decir más. Fernando se enfurece al ver así a su hermano. Toma la pistola y la coloca a unos centimetros del trailero…

FERNANDO
(*al trailero*)
A chingar a tu madre…

El trailero se agita exasperado…

                    TRAILERO
  No, no...

                    FERNANDO
  A la chingada...

El disparo parece inminente. Fernando tiembla y el arma se bambolea descontrolada en su mano. Su índice está a punto de jalar el gatillo.

Paula y Salvador lo miran, atónitos. La respiración de Fernando se entrecorta, le tiembla la mandíbula.

Luego de tenerlo apuntado por varios segundos, baja el arma y se lleva la mano izquierda a la cara.

Da un paso hacia atrás y de súbito le sorraja un cachazo en la boca al trailero.

El golpe le voltea el rostro al hombre, sangre el escurre por la nariz y la boca.

Paula lo observa, sorprendida y alterada.

A NEGROS.

EXT. DESIERTO – NOCHE

Salvador se encuentra acostado en la camioneta.

Junto a la fogata Paula y Fernando se besan. No hablan. Se desnudan y hacen el amor.

Salvador los mira desde la ventanilla. Los contempla unos segundos, se arrebuja con la cobija y cierra los ojos.

EXT. RÍO – MAÑANA

Salvador y Paula se encuentran a la orilla del Río Bravo.

Están vestidos. El día es nublado y frío.

Ambos contemplan la corriente sin hablar.

Salvador se levanta, toma unos guijarros y los avienta tratando de alcanzar la otra orilla.

Se le nota apesadumbrado.

EXT. CAMPAMENTO – MAÑANA

El trailero está amarrado, Se le ve exhausto, harto. Fernando bebe una taza de café a un lado suyo.

Tiene colocada la pistola entre las piernas.

> TRAILERO
> (*desesperado*)
> Suéltame. Necesito ir al baño.

Fernando no le hace caso.

> TRAILERO
> Te estoy hablando pendejo.

Fernando se voltea a mirarlo despectivamente.

> FERNANDO
> Por mí puedes mearte en los pantalones o pudrirte cabrón.

El trailero lo fulmina con la mirada. Fernando se la aguanta y no baja los ojos. Luego de un rato, el trailero la desvía.

EXT. DESIERTO – MEDIODÍA

Salvador y Paula regresan al campamento.

Deambulan por entre los matorrales sin hablar.

Se topan con el coyote baleado. Ya está muerto. Comienza a inflarse. Tiene el hocico abierto y una fila de hormigas le devoran los ojos.

Paula se agacha y tienta la herida. Se mancha los dedos de sangre.

Se incorpora y los mira sin emoción.

                SALVADOR
Es un macho.

Paula lo mira inquisitivamente.

                PAULA
¿qué?

                SALVADOR
                (*reitera*)
El coyote… es un macho…

Paula mira el cadáver. Luego vuelve a mirarse los dedos ensangrentados. Asienta maquinalmente.

EXT. CAMPAMENTO – TARDE

Salvador, Paula y Fernando comen alrededor de la fogata. No hablan. Cada quien mastica en silencio.

Vemos al trailero con los ojos cerrados. La cabeza gacha, el cuerpo desguanzado, sucio, humillado, orinado.

A NEGROS.

INT. CAMIONETA – NOCHE

Se escuchan los aullidos de los coyotes. Salvador y Fernando duermen en la parte trasera. Paula en la delantera.

Salvador se incorpora con sigilo y se asoma al asiento delantero. Contempla a Paula.

> SALVADOR
> (*en voz baja*)
> Paula, Paula...

Ella despierta, se le queda mirando en la oscuridad, adormilada.

> PAULA
> ¿qué pasó?

> SALVADOR
> Quiero verte...

Ella no parece entender.

> PAULA
> ¿Ver qué?

> SALVADOR
> Desnuda.

> PAULA
> ¿Ahorita?

> SALVADOR
> Tú me dijiste que te lo pidiera.

Ella se queda pensativa un momento.

Se desabrocha la blusa, sus senos aparecn iluminados por la luna.

Salvador los observa, más con curiosidad que con deseo.

Acerca tímidamente su mano y pasa lo dedos por los pezones.

Ella se deja hacer por unos segundos, luego le quita la mano y se abrocha la blusa.

Se miran en la oscuridad. Se acomoda para dormir y cierra los ojos.

EXT. DESIERTO – AMANECER

El cielo aparece nublado. Hace frío. Paula se abraza para darse calor.

Fernando trata de que agarre fuego la fogata.

Salvador bebe de un vaso. De pronto cae una gota de agua. Fernando voltea hacia el cielo. Más gotas caen.

Paula recoge apresurada los utensilios alrededor de la camioneta y los guarda.

EXT. ARBOL – AMANECER

El trailero mira al cielo y siente la lluvia sobre su rostro. Se agita tratando de ver que hacen sus captores a sus espaldas. El chubasco se desata.

EXT. DESIERTO – AMANECER

> SALVADOR
> (*señalando al trailero*)
> ¿Qué hacemos con él?

> FERNANDO
> No sé

La lluvia arrecia.

Fernando corre a la camioneta a guarecerse junto con Paula.

Salvador camina hacia el trailero y a medio trayecto se detiene. Dubitativo. Da un paso más hacia adelante, se para, de la media vuelta y corre a la camioneta.

EXT. ARBOL – AMANECER

El trailero se zarandea de un lado a otro buscando soltarse.

INT. CAMIONETA – AMANECER

Los tres miran en silencio la lluvia golpear los cristales del vehículo. El recorte de Fernando Villa se encuentra en el tablero.

EXT. DESIERTO – DÍA

Termina la tormenta y empieza a escampar.

Vemos a los tres descender de la camioneta y dirigirse hasta donde se encuentra el trailero.

Lo hallan empapado, tiritando de frío, exasperado.

                TRAILERO
     Desamárrenme...

Los tres no responden.

                TRAILERO
     Por favor... estoy entumido, las cuerdas
     me aprietan, suéltenme...

Fernando le ordena con la cabeza a Salvador que lo desamarre.

El trailero al verse libre se soba las muñecas. Se le ve adolorido, extenuado, deshecho.

Se incorpora con dificultad.

Tiembla y el agua escurre por su cara. Mueve sus brazos en círculo para agarrar calor. Se sacude el cabello.

Comienza a andar lentamente.

Fernando lo intercepta colocándose frente a él. Le apunta con la pistola.

FERNANDO
¿A dónde vas?

El trailero no le hace caso y sigue su paso, cada vez más firme.

FERNANDO
Párate.

Fernando le apunta al pecho. El trailero se detiene.

TRAILERO
Ándale, mátame de una vez, pero ya no me estés chingando…

El trailero continúa su marcha. Fernando corre frente a él sin dejar de apuntarle.

Paula y Salvador cerca de ellos.

El trailero aviva el paso y lo deja atrás. Fernando lo mira alejarse, impávido, desalentado.

Paula corre hasta Fernando, le quita el revolver y con andar rápido se planta frente al trailero, quien se detiene.

Lo mira retador.

PAULA
No dé un paso más.

El trailero menea su cabeza y continúa.

Ella le apunta directo al pecho.

PAULA
No te muevas.

El trailero da un paso más. Paula dispara. Salvador y Fernando voltean a verla, asustados.

El trailero se detiene. No está herido. Paula le apunta directo al pecho.

PAULA
Un paso más y te mato.

El trailero sabe que no bromea.

Paula voltea hacia Fernando y Salvador.

PAULA
Vengan.

Ellos dos caminan hacia Paula. Se detienen a su lado. Ella se dirige al trailero.

PAULA
Ponte de rodillas y pídeles perdón.

El trailero no parece creer la orden. Dispara otra vez al aire.

PAULA
Obedéceme.

El hombre no se pone de rodillas pero empieza a llorar descontroladamente. Balbucea hipando.

TRAILERO
No quise…no quise…

No puede detenerse. Salvador y Fernando lo miran, conmocionados.

Paula, fría.

PAULA
Pídeles perdón, chingados…

El trailero levanta la mirada. No puede ni hablar por el llanto.

Tranquilamente, Salvador camina hacia Paula y le pide la pistola.

SALVADOR
Dámela.

Paula voltea a verlo. Salvador también llora.

SALVADOR
Dame la pistola.

Paula se la entrega. Salvador apunta hacia el trailero. Parece inminente que va a matarlo, pero de súbito, vacía la pistola disparando a los lados del trailero, quien se tapa la cara, asustado, con la certeza de su muerte.

Mira al trailero, que cae de hinojos en el suelo lodoso y avienta la pistola entre el monte.

Salvador y el trailero cruzan una mirada.

El trailero trata de pronunciar una palabra, pero le es imposible. Se le nota profundamente conmovido. Es incapaz de dejar de llorar.

A Paula se le anegan los ojos de lágrimas.

Salvador da unos pasos hacia el trailero y se detiene frente a él.

>   SALVADOR
>   Te perdonamos.

Pasa a un lado de él en dirección hacia la camioneta. Fernando y Paula se miran uno al otro y luego deciden seguirlo.

El trailero cruza una última mirada con Fernando.

EXT. DESIERTO – DÍA

Paula, Salvador y Fernando montan en la camioneta.

Fernando la arranca y acelera. La camioneta se desplaza deslizándose por el lodo y los charcos.

El trailero los mira partir por entre el chaparral.

Sigue sin parar de llorar.

EXT. CARRETERA – TARDE

La tarde es clara. Las nubes se dispersan. La camioneta cruza rápidamente la cinta asfáltica.

INT. CAMIONETA – TARDE

Van los tres en silencio, reconcentrados. Fernando decide orillarse. No se ve ningún auto venir.

Fernando mira fijamente por el parabrisas. Ninguno de los tres habla. Contempla el horizonte, el cielo abierto.

Un coyote cruza la carretera y se mete entre los matorrales. Los tres lo contemplan.

El coyote se detiene, cruza una mirada con ellos y continúa su camino.

                    PAULA
       ¿Vamos de regreso a casa?

Fernando se vuelve hacia ella. La mira por unos segundos y asiente.

                    FERNANDO
       Sí.

Mete velocidad y se incorpora de nuevo al asfalto. El sol empieza a abrir por entre las nubes.

EXT. CARRETERA DESIERTO – TARDE

La camioneta cruza la gran recta que atraviesa el desierto.

www.ingramcontent.com/pod-product-compliance
Lightning Source LLC
Chambersburg PA
CBHW070143080526
44586CB00015B/1824